服装销售

超级口才训练与实战技巧

—情景案例版—

第2版

任学武◎编著

中国铁道出版社有限公司
CHINA RAILWAY PUBLISHING HOUSE CO., LTD.

内容简介

服装销售人员每天要接待形形色色的顾客，针对不同的顾客、不同的语境，销售人员需要采取不同的应对方式，因为每位顾客的购物心理与当时的状态都有很大的不同，服装销售人员与之沟通交流的方式自然要有所区别。

本书在第一版的基础上新增了直播带货的内容，针对服装销售人员在销售过程中可能遇到的各种问题，从顾客的行为和心理角度出发，真实再现了 110 个情景案例，用“错误应对+情景解析+实用技巧”的形式向服装销售人员详细阐述了在销售实践中可能遇到的各种问题及解决方法，并列举了销售实践中最普遍、最常见的销售实例，帮助服装销售人员处理销售过程中可能出现的各类问题。本书特别适合服装销售人员、服装销售培训师、服装直播销售主播和从事与服装行业相关工作的人士阅读使用。

图书在版编目（CIP）数据

服装销售超级口才训练与实战技巧：情景案例版/任学武编著. —2 版.—北京：中国铁道出版社有限公司，2021.1

ISBN 978-7-113-27301-9

Ⅰ.①服… Ⅱ.①任… Ⅲ.①服装-销售-口才学 Ⅳ.①F768.3 ②H019

中国版本图书馆 CIP 数据核字(2020)第 185086 号

书　　名：服装销售超级口才训练与实战技巧（情景案例版）

FUZHUANG XIAOSHOU CHAOJI KOUCAI XUNLIAN YU SHIZHAN JIQIAO（QINGJING ANLI BAN）

作　　者：任学武

责任编辑：巨　凤　　**编辑部电话：**（010）83545974　　**邮箱：**herozyda@foxmail.com

编辑助理：王伟彤

封面制作：宿　萌

责任校对：焦桂荣

责任印制：赵星辰

出版发行：中国铁道出版社有限公司（100054，北京市西城区右安门西街 8 号）

印　　刷：三河市宏盛印务有限公司

版　　次：2018 年 12 月第 1 版　2021 年 1 月第 2 版　2021 年 1 月第 1 次印刷

开　　本：700 mm×1 000 mm　1/16　**印张：**15.25　**字数：**219 千

书　　号：ISBN 978-7-113-27301-9

定　　价：55.00 元

前 言

世界上没有卖不出去的服装，只有卖不出服装的销售。好的服装销售人员可以让门庭冷落的店铺蒸蒸日上，而再好的店铺，如果交给不善于销售的人员经营打理，一样会惨淡收场。

销售的终端是顾客，如何抓住顾客的心理诉求，将服装销售出去并得到顾客良好的反馈是服装销售人员应该掌握和熟练运用的技巧。服装销售并不仅仅是卖衣服这么简单，背后蕴含着大学问。开一个服装店，抛开服装质量不谈，光销售方面就占了成功的70%。因此，“三分货，七分卖”说的就是销售的重要性。

服装销售人员是靠嘴巴吃饭的，善于运用销售技巧不但可以让自身的业绩突出，而且在给顾客带来愉悦的购物感受、刺激顾客尽快做出购买决策的同时，还能留下良好的店铺印象，增强顾客的信任度，提升顾客的满意度。如果没有相关的销售技巧做铺垫，不但会大大降低销售的成功率、影响自身的销售业绩，还可能给顾客留下不好的印象，影响店铺的信誉和形象。有时候服装销售人员不经意的一个动作、一句话甚至一个表情都可能让销售结果截然不同，如果服装销售人员能掌握销售过程中的一些方法和技巧，并熟练运用，将会使销售成功的概率大大提高。

本书针对服装销售人员在销售过程中可能遇到的问题，做了全方位的深入探讨。以“错误应对+情景解析+实用技巧”的形式将服装销售过程中常见的110个情景案例逐一展示，并给出有效解决问题的应对方式。本书在第一版的基础上新增了直播带货情景口才训练与实战技巧，能够使电商主播通过口才表达快速建立观众对自己和产品的信任，拉近与观众之间的距离，从而实现快速转化，提高在直播平台上的成交率。针对每一个销售情景，都通过情景再现服装销售人员在沟通过程中可能会犯的错误，希望销售人员能引以为戒，并对不同的情景进行专业知识、方法技巧的解析，最后给出正确的情景应对方法并分析沟通对话中的成功之处，帮助服装销售人员真正理解并掌握相关的销售技巧。

本书共分为10章，内容主要包括：迎接进店顾客情景训练、挖掘顾客需求情景训练、试穿效果处理情景训练、化解质量异议情景训练、应对讨价还价情景训练、巧谈促销优惠情景训练、促成顾客购买情景训练、维护顾客关系情景训练、解决售后投诉情景训练以及直播带货情景口才训练与实战技巧等，向服装销售人员详细阐述了销售实践中可能遇到的各种问题及解决方法，具有很强的借鉴参考价值，能让服装销售人员在面对同样的情景时轻松自如，游刃有余，从而大幅提高销售业绩。

本书旨在帮助服装销售人员实实在在地分析和解决销售工作中各种常见或棘手的问题，实用性很强，特别适合服装销售人员、服装销售培训师、服装直播带货主播和从事与服装行业相关工作的人士阅读使用。

编　者

2020年8月

目录

第三章 试穿效果处理情景口才训练与实战技巧

第四章 化解质量异议情景口才训练与实战技巧

第五章 应对讨价还价情景口才训练与实战技巧

第八章 维护顾客关系情景口才训练与实战技巧

第九章 解决售后投诉情景口才训练与实战技巧

第十章 直播带货情景口才训练与实战技巧

第一章

Chapter 01

迎接进店顾客情景口才训练与实战技巧

销售口才

迎客进店是服装销售过程中的第一个环节，如何在这一环上旗开得胜，是销售人员面对顾客时的第一个挑战。顾客对我们的第一印象对销售结果起着很重要的影响。因此，服装销售人员有必要掌握一些迎客的方法和技巧，以便在迎客这一环节做到游刃有余。

01 情景演练 看着顾客走进服装店

NO ✕ 错误应对示例

1. “您好，欢迎光临！”

高手指点 这种说法的使用频率非常高，几乎在所有的销售场合中都被频繁使用，使得顾客对我们的印象不深刻。

2. “您好，您来得真是时候，我们这件衣服今天正好在打折，您可以过来看看！”

高手指点 有一种在说顾客买不起高价衣服的意思，直接向顾客推荐打折的衣服，很容易引起顾客的不满。

3. 看了顾客一眼，也没理顾客。

高手指点 缺乏对顾客最基本的礼貌与尊重，服务态度有问题，很容易引起顾客的反感，销售很难进行下去。

WHY 深度情景解析

顾客走进服装店，进入了一个完全陌生的环境，难免对服装销售人员产生戒备心理。作为服装销售人员一定要主动跟顾客打招呼，帮助顾客适应新的环境，但要注意问候的时机，不能一进门就迎上去，也不能进门后对顾客不理不睬。

通常要求服装销售人员在迎客时遵循“531”法则。

531法则

- 当顾客距离服装销售人员大约5米时，销售人员应该对顾客产生关注
- 距离3米时，应主动跟顾客打招呼
- 在距离1米时，跟顾客展开交流

在跟顾客做了简单的交流之后，要把顾客带到他可能会感兴趣的服装类别区域，然后询问顾客是自由挑选还是帮忙介绍。如果顾客想自由挑选，应该给顾客自由选择的空间，避免使顾客感到不自在，并告知顾客，自己会在顾客有需要时出现并竭诚为其服务。

在接待顾客的过程中，服装销售人员要做到热情洋溢、面带笑容、举止大方得体，不能无精打采地接待顾客。

YES √ 实战强化训练 1

服装销售人员：“您好，先生，欢迎光临××服装店，请问您想看什么衣服？”

金牌技巧点拨

先礼貌地向顾客打招呼，并强调自己的服装店名称，加深顾客对店铺的印象，然后询问顾客具体的购买意向，便于将顾客带到其想了解的服装类别区域。这种应对方式适用于店铺较大或者服装类目多的店铺。

YES √ 实战强化训练 2

服装销售人员：“美女，欢迎光临××服装店！很高兴为您服务！您是第一次来我们店吗？请问您是想先自己逛逛，还是希望我为您介绍一下呢？”

顾客：“我先自己看看吧。”

服装销售人员：“好的，那请您随意挑选，有什么需要可以随时叫我，我会竭诚为您服务！”

金牌技巧点拨

礼貌地跟顾客打招呼，并强调自己的服装店名称，加深顾客对店铺的印象，然后给顾客营造一种轻松的购物氛围，引起顾客的好感。这种应对方式适用于比较小的服装店。

YES √ 实战强化训练 3

服装销售人员正在为A顾客服务，这时有B顾客进店。这种情况下，服装销售人员要先向A顾客道歉，然后向B顾客打招呼。

服装销售人员向A顾客说：“不好意思，请您稍等一下，我马上就回来！”

向B顾客说：“您好，欢迎光临××服装店，请您随意挑选，有任何需要都可以叫我，谢谢！”

然后再对A顾客说：“不好意思，让您久等了，请问您比较喜欢哪款呢？我可以为您仔细介绍一下。”

金牌技巧点拨

当服装销售人员正在与店铺内的顾客交谈时，千万不能因为有正在接待的顾客而怠慢了新进店的顾客。

02 情景演练 顾客说：“我就先随便看看”

NO ✕ 错误应对示例

1. “好的，那您先随便看看吧。”

高手指点 这是一种消极的应对方式，一旦销售人员这样应对顾客，顾客因购买目的不明确，很快就会离开店铺。

2. “反正我也没事，我给您介绍一下吧！”

高手指点 没有从顾客的角度考虑问题，而且给顾客一种这个服装店生意不好的感觉，顾客容易产生误解。

3. “美女，我就是想问问您打算买什么衣服，这样也方便您选购。”

高手指点 这样的回答不得体，并不能赢得顾客的好感，而且对销售起不到任何帮助作用。

WHY 一 深度情景解析

这是服装销售人员经常会遇到的一种情况，当服装销售人员面带微笑地跟顾客打完招呼并表示要为其服务时，顾客却表示“先随便看看”。事实上，顾客这么说主要有以下几个方面的原因。

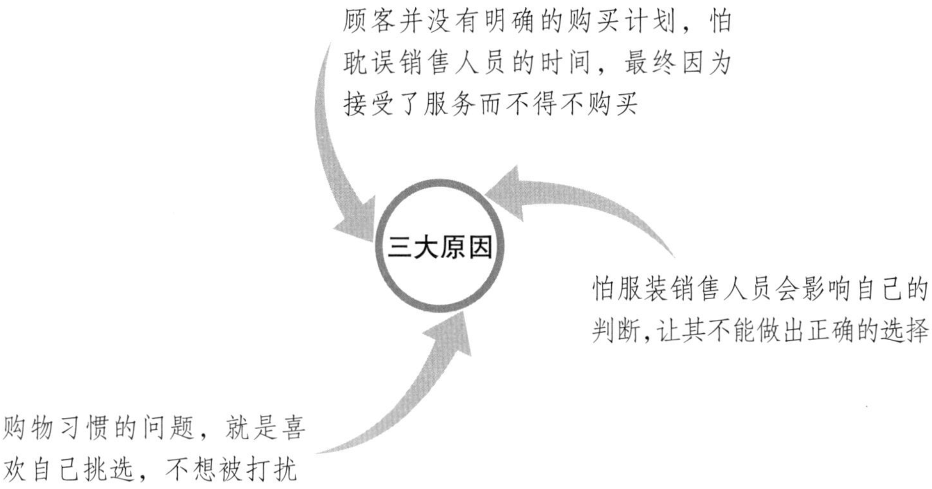

但无论顾客是哪种心理，此时都不需要服装销售人员的帮助，这时服装销售人员要充分尊重顾客的意愿，让顾客自由选择，同时要表示自己愿意随时为其提供服务。

其次，在顾客挑选的时候，服装销售人员要注意观察顾客，发现顾客有问题时主动上前服务，为其介绍本店的服装特色，并通过提问的方式了解顾客的需求。如果顾客愿意回答我们的问题，就继续深入探索顾客的需求，使销售能够进入下一个环节。

YES √ 实战强化训练 1

服装销售人员：“好的，先生，那您先随意挑选，您需要的时候再叫我，我会竭诚为您服务的。”

金牌技巧点拨

既然顾客表示随便看看，那就不要强迫其接受自己的服务，并表示自己会在其需要时提供最好的服务。

YES √ 实战强化训练 2

服装销售人员：“好的，美女，看您在买衣服方面挺有经验的，您的衣服搭配也很好看，那我就先不打扰您了，您有什么需要随时叫我，我会尽我所能为您提供服务。”

金牌技巧点拨

首先赞美顾客赢得顾客的好感，然后给顾客留下自由挑选的空间，并告诉顾客自己随时准备为其提供最好的服务，让顾客在有问题时知道应该找谁解决。

YES √ 实战强化训练 3

服装销售人员：“没关系，美女，买不买都没事，您可以先随便看看，了解一下我们的服装。您这边请，这都是我们今年最新款卖得最火的，您喜欢什么款式的？”

金牌技巧点拨

先以轻松的语气营造良好的谈话气氛，简单介绍自己服装的特点，然后通过提问的方式了解顾客的需求，使销售的把握更大。

03 情景演练 顾客跟朋友一起来选购衣服

NO × 错误应对示例

1. “美女，欢迎光临！我们店的××衣服非常适合您，您可以随意逛逛。”

高手指点 在未了解顾客的需求前，不能盲目向顾客推荐，而且不能只重视目标顾客，而忽视了顾客的朋友，会引起顾客朋友的不满，降低销售成功率。

2. “你们好，欢迎光临！请问是你们谁要买衣服呢？”

高手指点 顾客跟朋友一起逛街，起初并没有明确的购买意向，一般到最后是冲动型的消费，所以追究是哪位要买衣服并没有多大的意义。

3. “美女，您这边请！先生，您可以在那边休息一下。”

高手指点 顾客既然带着朋友来买衣服，说明很重视朋友的意见，这对顾客的购买决定有很大的影响，所以不能把顾客的朋友排除在外，不考虑其感受。

WHY 一 深度情景解析

大部分的顾客都喜欢和朋友一起选购服装，希望朋友的意见能给自己一定的参考。如果有一个人看中了某件服装，朋友一般会根据自己的审美给出意见，这一意见对顾客最后的购买决策将产生很大的影响。如果顾客及其朋友都很满意这件服装，顾客很容易就会购买。但如果朋友提出了反对的意见，顾客很可能会因此放弃购买。所以，服装销售人员在接待这类顾客时，不仅要考虑顾客的感受，也要顾及顾客的朋友的感受，不能厚此薄彼，否则很容易引起顾客朋友的不满，使销售无疾而终。

在跟他们打完招呼后，服装销售人员可通过赞美、咨询意见等方式与对方寒暄，拉近双方的距离。通常情况下，恭维顾客的朋友比单独恭维顾客得到的效果更好，因为相识的人聚在一起时，受赞美的一方对外界的评价敏感度更高。服装销售人员要记住这一点，并善加利用。

有时候，可以从结伴而来的几位顾客之间的关系入手，引起他们的好感，例如，母女二人一起走进服装店，某服装销售人员走上去说：“你们好，欢迎光临，两位美女……”暗示那位母亲年轻、保养好，当然这一方法使用要注意时机，要善于在工作中总结对待不同顾客组合所应采取的策略。

YES ✓ 实战强化训练 1

服装销售人员：“你们好！欢迎光临××服装店，看你们一路有说有笑的，一定逛得很开心吧！想买外套还是其他的衣服呢？”

金牌技巧点拨

先礼貌地跟顾客及其朋友打招呼，拉近服装销售人员与顾客及其朋友之间的关系，再具体询问顾客需求。

YES ✓ 实战强化训练 2

服装销售人员：“两位好！欢迎光临××服装店，看您两位笑得这么开心，今天一定玩得很不错吧！对了，二位是打算看看什么衣服呢？”

顾客：“我想看一下裙子。”

服装销售人员：“好的，您男朋友对您真好，这么热的天还陪您出来逛街，真幸福！”

金牌技巧点拨

先热情地跟顾客及同伴打招呼，拉近双方的距离，然后通过赞美顾客的同伴赢得顾客及其同伴的好感，为接下来的销售助力。

04 情景演练 顾客进店后不停地张望

NO ✗ 错误应对示例

1. “美女，您好，您想买什么衣服呢？”

高手指点 这会给顾客带来一定的心理压力，因为“买”这个字太直接了，在挖掘顾客需求时一定要委婉一些。

2. “美女，我们这儿有一款裙子挺适合您的，我带您去看看。”

高手指点 在没了解顾客的需求前，直接向顾客推荐产品，不一定会符合顾客的要求，而且会让顾客压力更大，导致顾客情绪更加紧张。

3. 没有理会顾客，继续手中的工作。

高手指点 这种做法会让顾客觉得自己不被重视，再加上他们并未有一眼就看中的服装，很快就会离开店铺。

WHY 深度情景解析

顾客走进服装店之后不停地张望，通常有以下三个方面的原因。

顾客张望的原因

- **性格方面的因素**：刚刚进入一个陌生的环境，不太适应，难免感到束手束脚
- **缺乏信心**：害怕服装销售人员上前推销，警惕性高
- **想先浏览全局**：对店内服装的布局、服装的特色、服装风格是否适合自己，价位是否能承受，质量是否有保证等先了解一下

在接待这类顾客时，关键是要缓解顾客的紧张情绪，而不是急于向顾客销售。服装销售人员可以热情、礼貌地跟顾客打招呼，并暗示顾客“买不买没关系”“您随便看，我不会打扰您”“需要的时候叫我，我会竭诚为您服务”等信息，这样有利于消除顾客的不安情绪，让顾客能安心挑选服装。

在跟顾客打完招呼后可以挖掘顾客的购买需求，但要注意方法，例如，可以先跟顾客寒暄作为铺垫，然后像拉家常一样询问顾客，消除顾客的戒备心理。需要注意的是，不能把顾客的紧张状态说出来，也不能直接向顾客介绍服装，这样顾客会感到更加不自在，反而会找借口离开。

YES √ 实战强化训练 1

服装销售人员：“美女，欢迎光临××服装店！请您随意挑选，买不买没关系，您有什么需要随时叫我，我会尽力为您提供最好的服务。”

金牌技巧点拨

缓解顾客的紧张情绪，给顾客自由挑选的空间，并向顾客表示会在需要的时候为其提供服务。

YES √ 实战强化训练 2

服装销售人员：“您好，先生，欢迎光临××服装店，我们这边是休闲服装区，那边是西装区，还有那边是运动类服装，我们先看看休闲服装？还是先看看西装？”

金牌技巧点拨

向顾客简单介绍了店内的服装布局情况，以缓解顾客的紧张情绪，然后开始询问顾客的需求。

05 情景演练 顾客进店后直接去看某件衣服

NO × 错误应对示例

1. “您好，是要买这条裙子吗？”

高手指点 服装销售人员的销售目的太过强烈了，而且“买”字会带给顾客很大的心理压力，很容易得到顾客否定的回答，降低销售的成功率。

2. “这条裤子不错，要是喜欢您就试试。”

高手指点 这种表述缺乏热情，会让顾客觉得受到了怠慢，从而降低顾客的购买热情。

3. “您好，请问您想买什么衣服呢？”

高手指点 顾客既然直接去看某件衣服，说明有明确的购买意向，这一说法并没有及时发现顾客的购买需求，错失成交机会。

WHY — 深度情景解析

顾客进店后直接去看某件服装，通常有两个方面的原因。

两个原因

已经喜欢这件衣服很久了，可能之前就已经关注过，就等着在适当的时机将它买下，如打折、降价等，所以进店看看购买时机到了没有

在店外看到，被橱窗内展示的服装样品吸引，产生很大的好奇心，所以进店了解一下详细情况

无论顾客是出于哪种原因直接去看某件衣服的，都说明其购买的可能性非常大。所以，销售人员在接待这类顾客时，要尽量把寒暄的时间缩短，然后迅速进入服装介绍阶段。

在向顾客介绍服装时，可以参照以下四个步骤来进行。

先寒暄 ----▶ 服装销售人员跟顾客搭上话后要先与其寒暄，比如，可以夸赞一下顾客的眼光好等

介绍服装 ----▶ 向顾客介绍服装的优点，可以通过提问获取顾客更深层次的需求

优惠措施 ----▶ 如果这件衣服正好有优惠，可以马上告诉顾客，然后让销售进入下一个阶段

引导试穿 ----▶ 选购服装最重要的就是穿着效果，因此要在简单介绍服装之后引导顾客试穿

YES ✓ 实战强化训练 1

服装销售人员：“美女，您真有眼光，这款裙子是今年最流行的款式，而且是雪纺面料的，穿上很凉快，您可以摸一下，感受一下这手感。”

金牌技巧点拨

先赞美顾客，赢得顾客的好感，然后直接向顾客介绍衣服的优点，增强服装对顾客的吸引力。

YES ✓ 实战强化训练 2

服装销售人员：“先生，您进店后就看中这件外套，一看您就是个行家。这件外套的款式和颜色都很不错，很多顾客都喜欢，而且目前正在做店庆促销活动，可以打 8.5 折，很划算的，您可以先试穿一下。”

金牌技巧点拨

先对顾客表示赞美，赢得顾客的好感，然后向顾客介绍服装款式和价格上的优势，引导其试穿。

YES ✓ 实战强化训练 3

服装销售人员：“美女，您眼光确实非常好，这件衬衫是我们店里卖得最好的一款了，除了它的设计很有个性以外，您知道它最大的优点是什么吗？”

金牌技巧点拨

先赞美顾客，赢得顾客的好感，给其留下好印象，然后以提问的方式引起顾客的兴趣，在无形中放大衣服的优点。

06 情景演练 顾客说：“我自己看就行，不用推销”

NO ✗ 错误应对示例

1. “哦，那您随便看看吧！”

高手指点 这是一种消极的应对方式，还有种对顾客不满的嫌疑，很容易让顾客产生误会。

2. “我没有想向您推销，就是问问您想选什么衣服，好帮助您挑选。”

高手指点 这种自我辩解的方式并不会赢得顾客的好感，销售成功的概率也比较低。

3. “没关系，您想买什么衣服可以告诉我，我帮您参谋一下。”

高手指点 没有考虑到顾客的想法，对销售的达成也没什么特别的作用。

WHY 一 深度情景解析

服装销售人员向顾客打招呼并提出要为顾客提供服务时，经常会遭到顾客这样的拒绝，其实这大部分是由服装销售人员过分热情的态度所造成的。

服装销售人员希望每一位进店的顾客都能购买服装，以此提升自己的业绩。但过于着急的盲目劝购反而会让顾客产生不舒服的感受，顾客宁愿自己慢慢看，慢慢挑选。

当顾客提出“我自己看就行，不用推销”时，要根据顾客的说话语气做出不同的回应。

顾客说话语气很重

说明他很不希望被打扰，这时候服装销售人员就要礼貌地向顾客道歉，并表示仍然愿意在顾客有需要时为其提供服务

顾客说话语气较轻

可能是顾客拒绝服装销售人员的借口，这时服装销售人员就要把顾客的借口转变成接近顾客的理由，进一步推进销售进程

顾客希望服装销售人员在其不需要服务的时候，不打扰其选购。当顾客需要服务的时候，服装销售人员能在第一时间为其提供服务。

YES √ 实战强化训练 1

服装销售人员：“对不起，打扰到您了，您继续挑选，有什么需要我的地方可以随时叫我，我会竭诚为您提供服务的。”

金牌技巧点拨

先向顾客道歉，并表示不会再打扰顾客，让顾客放下戒心，然后表明仍然愿意为其提供最优质的服务。

YES ✓ 实战强化训练 2

服装销售人员：“好的，先生。您买不买都没关系，您可以先看看我们的衣服，了解一下我们的服装，请问您比较喜欢哪种类型的衣服呢？”

金牌技巧点拨

一句“买不买都没关系”所起到的作用是非常大的，这一句话就可以让顾客放下防备心理，然后将顾客拒绝的借口变为说服顾客的理由。

07 情景演练 顾客进店转了一圈，也不说话就要离开

NO ✗ 错误应对示例

1. “您先别急着走啊，您到底想买什么？”

高手指点 这种问话太过生硬，显得很不礼貌，有一种不耐烦的情绪，很容易引起顾客的反感。

2. “请您慢走，欢迎再次光临！”

高手指点 虽然符合礼仪规范，但是缺乏主动性，没有尽力争取与顾客交流的机会，设法了解顾客心理活动，很容易错失交易。

3. “您先等一下，我们店刚到了很多新款衣服，您可以先试穿一下看看效果。”

高手指点 没有搞明白顾客的真正需求就盲目推荐，很难让顾客留下来，因为顾客的需求是需要服装销售人员摸索的。

WHY 一 深度情景解析

顾客进店转了一圈之后，什么也没说就要离开，可能是没有发现自己感兴趣的衣服，或者是目标性不强、浏览太粗略的原因，把适合的服装漏掉了。所以，当顾客准备离开时，服装销售人员要设法让消费者在店铺多停留一些时间。因为顾客在店内停留的时间越长，发现符合自己要求的衣服的可能性越大，也就更容易促成交易。

服装销售人员要以真诚热情的态度挽留顾客，然后挖掘顾客需求，也可以向顾客推荐某款衣服，借此打开话题，引导顾客的需求，激发其购买兴趣。

但要注意的是，在推荐服装时表述不能过于绝对，因为还不了解顾客的具体需求。推荐服装只是为了引起顾客的好奇，然后在顾客欣赏服装的过程中拉开话匣子，了解顾客的需要，并不是要把这款衣服卖给顾客，所以不能肯定地说这款衣服满足顾客要求、顾客绝对喜欢这类的话。

YES √ 实战强化训练 1

服装销售人员：“美女，请您留步！我想了解一下您大概想看哪一类服装？或许我可以给您介绍几款合适的，您买不买没关系，我带您看看，好吗？”

金牌技巧点拨

用真诚的语言请求顾客留下，然后通过询问挖掘顾客需求，在了解了顾客的需求之后就可以对症下药了。

YES √ 实战强化训练 2

服装销售人员：“先生，请留步！我们那边还有几款刚到的休闲外套，款式大方，我带您去试一下好吗？买不买没关系，您就看看，当作一个参考，也方便您选到更合适的衣服。”

金牌技巧点拨

先诚恳地挽留顾客，然后通过引导顾客试衣延长其在店内的停留时长，借此打开话题，为接下来的沟通做好铺垫。

08 情景演练 顾客忽然停在一款衣服前细看

NO ✕ 错误应对示例

1. “美女，这件衣服价格比较贵，您是不是喜欢？”

高手指点 这种询问方式暗含轻蔑顾客的意思，回答并不得体，而且问“是不是喜欢”完全是废话，不喜欢就不会在这里看了。

2. 仍然不理睬顾客。

高手指点 此时是向顾客介绍服装的最好时机，顾客希望了解更多的信息，导购一定不能不理顾客，白白错过成单机会。

3. “您好，请问有什么可以帮到您吗？”

高手指点 这种说法太过平淡了，缺乏新意，服务态度也不够热情，很难让顾客产生购买欲望。

WHY 一 深度情景解析

一般来说，顾客会在很短的时间内把自己最关心的方面逐一了解。其中有些因素是顾客很容易就能获得的，而有些因素则需要导购员介绍，还有些因素如价格、品牌等则可能根据具体环境不同而各有差异。

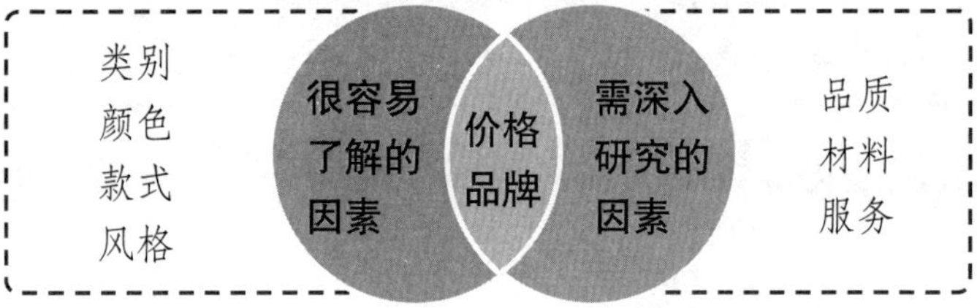

顾客在浏览服装的过程中，会先从容易了解的因素出发，把不符合要求的衣服过滤掉。因此，当顾客在某件衣服前停留时，就说明这件衣服基本符合顾客的眼光，顾客对这件衣服很感兴趣，这时服装

销售人员就要礼貌上前招呼顾客，并向顾客介绍这款服装的优点，然后引导顾客试穿。

那么，什么时候是招呼顾客的最佳时机呢？一般来说，当顾客在挑选服装时突然变得认真，例如，伸手去摸一件衣服、在某件衣服前仔细观看或拿着某件衣服感到很开心时，那他一定对这件衣服产生了兴趣，这时就是招呼顾客的最佳时机。

YES √ 实战强化训练 1

服装销售人员：“美女，您真有眼光！您正在看的这款羽绒服是今年的新款，卖得非常好。您看，款式设计很个性化，也很时尚，穿起来很舒服，您可以试穿看看，是不是符合您的心理预期。”

金牌技巧点拨

先赞美顾客，然后向顾客介绍服装的优点，最后引导顾客试穿，让其体验服装的穿着效果，增强顾客的购买欲望。

YES √ 实战强化训练 2

服装销售人员：“姐，您的眼光真不错，您看的这款裙子是我们店卖得最好的一款了，穿上很显瘦，而且很符合您的气质。颜色是今年特别流行的，它的料子也特别舒服，那边有试衣间，我带您去试试吧！”

金牌技巧点拨

先礼貌招呼顾客，并恭维顾客的眼光，然后向顾客介绍衣服的优点，增强顾客对衣服的好感，并引导顾客试穿，感受效果，激起顾客的购买欲望。

09 情景演练 跟顾客打招呼，可顾客理都不理

NO × 错误应对示例

1. “美女，您怎么不说话呢？”

高手指点 有一种质问顾客的意味，顾客会对服装销售人员的这种问话感到不满，影响后面的沟通。

2. 不再理睬顾客。

高手指点 会让气氛变得更加尴尬，顾客处在这种环境中也会感觉到不自在，选择离开服装店。

WHY 深度情景解析

当服装销售人员跟顾客打招呼时，顾客理都不理，可能有以下两个方面的原因。

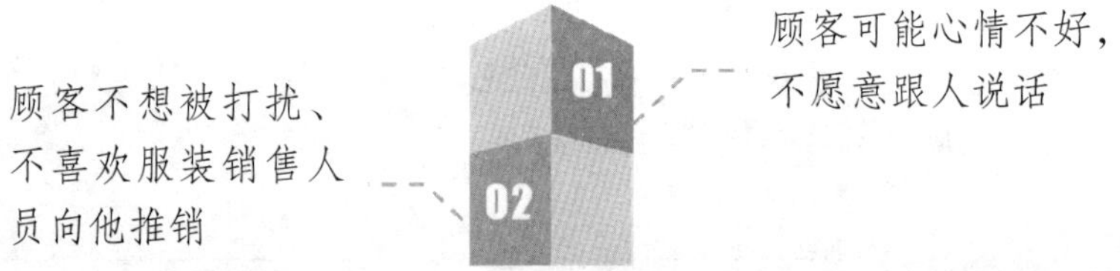

无论是哪方面的原因，服装销售人员都不能不理睬顾客，对顾客表现出怠慢，而是要保持良好的心态，毕竟这种事情本来就很常见。因为谁都可能有心情不好，不想被打扰的时候，要学会站在顾客的角度考虑问题。

服装销售人员在面对这种情况时，可以用真诚打动顾客，或者看顾客实在不愿意交流，可以让顾客自由挑选，然后寻找合适的时机与顾客打招呼，为顾客提供服务。

YES 实战强化训练 1

服装销售人员：“女士，对不起！一定是我有什么地方做得不好，让您不高兴了。我觉得您买不买衣服不重要，出来购物要的就是开心，您说呢？”

金牌技巧点拨

服装销售人员用自己的真诚来打动顾客，把错误揽到自己身上，以此展开与顾客的交流。

YES 实战强化训练 2

服装销售人员：“美女，请您随意挑选，您有什么需要可以随时叫我，我会竭诚为您服务！”（注意观察顾客，当发现顾客对某件衣服感兴趣时，上前再次沟通，并幽默地说："刚才您都不理我，哈哈，好尴尬啊！"这样不仅能消除之前的尴尬，也会让顾客心生歉意，对销售更有利。）

金牌技巧点拨

保持良好的心态，然后让顾客自由挑选，随时注意观察顾客，在合适的时机再次上前与顾客打招呼。

10 情景演练 店里生意红火，顾客不满被怠慢

NO ✗ 错误应对示例

1. "来了来了，您看中的这件外套，299元！"

高手指点 语气中带有一点不耐烦的意味，顾客本来就对店铺的服务产生了不满，导购员敷衍的回答只会让顾客更生气，销售成功率很低。

2. "您先稍等一下，我们这儿现在比较忙！"

高手指点 服务态度有问题，有厚此薄彼之嫌，会让顾客觉得自己不被重视，很容易不满，甚至直接离开店铺。

3. 不管顾客怎么招呼，都置之不理，一味忙自己的事。

高手指点 这是非常不礼貌的一种行为，说明服装销售人员缺乏最基本的素养，很容易激起顾客的愤怒情绪。

WHY 深度情景解析

在周末、节假日的时候，往往是服装店的营业高峰，经常会有好几个顾客同时进店，服装销售人员难免会顾此失彼。而顾客长时间得不到服装销售人员的回应，耐心都被耗尽，自然会感到生气。因此，在营业高峰期接待顾客时要做到"接一顾二招呼三"。

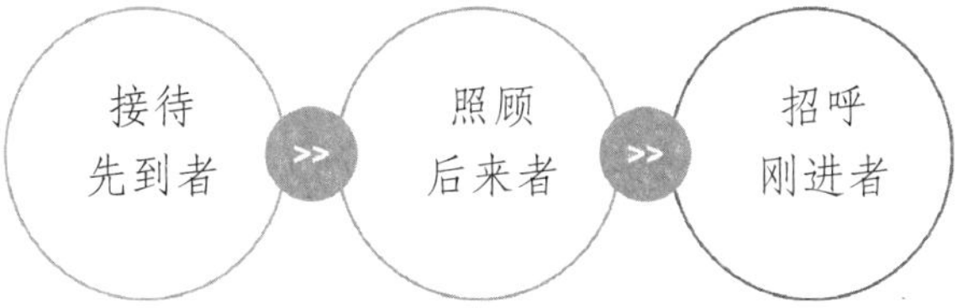

同时要结合手势、眼神、微笑等身体语言，让顾客能感受服装销售人员的周到服务，要尽量避免怠慢顾客的现象发生，为销售争取更多成交的机会。

如果服装销售人员实在太忙没顾得上，导致顾客不满，要先用“不好意思，让您久等了”“请您稍等片刻，我马上就来”“招待不周，还请您原谅”等礼貌用语向顾客道歉，再继续为其提供服务。

服装销售人员在接待顾客时，要遵循以下四个原则，让顾客有一个愉快的购物体验。

动作熟练、灵巧	有责任心
在接待顾客的过程中要手脚麻利，不能让顾客感到很拖拉，影响顾客的购物心情	责任重于能力，我们要关注细节，从小处做起。在接待顾客的过程中，要对顾客负责，真正为顾客着想
要求服装销售人员以真诚不虚伪的态度工作，秉承“尊重顾客，信守承诺，服务至上”的服务理念	要求服装销售人员在工作时有效率，不要让顾客久等，或以其他方式引起顾客的反感
真诚不虚伪	工作迅速、有效率

YES ✓ 实战强化训练 1

服装销售人员：“真是对不起，女士，请您不要生气，今天人多比较忙，刚才没有注意到您，非常抱歉。您的眼光非常不错，您问的这条裙子……”

金牌技巧点拨

先诚恳地向顾客表达歉意，缓解其不满情绪，然后赞美顾客的眼光，并向顾客介绍其看中的衣服。

YES ✓ 实战强化训练 2

服装销售人员：（请正在接受服务的顾客稍等，然后迅速走到新顾客面前）“真是抱歉，女士，今天客人比较多，对您招待不周。您看的这款衣服是我们今年的最新款，现在正好在做活动，您可以先试穿一下看看效果，好吗？”

金牌技巧点拨

先诚恳地向顾客道歉，然后向顾客介绍其选中的衣服，并积极引导顾客试穿，消除顾客产生的不满情绪。

11 情景演练 顾客主动询问服装的一些细节

NO 错误应对示例

1.（顾客问价格）“199 元，打 9 折。”

高手指点 这样的回答很容易让顾客产生疑问，不知道说的这价格是打折前的还是打折后的，容易引起双方的误会。

2.（顾客询问品牌）“这好像是国外的一个品牌，我也不是很清楚。”

高手指点 服装销售人员表现得太不专业了，对自己所销售的服装品牌都不熟悉，顾客怎么敢放心购买呢？

3.（顾客询问材料）“应该是纯棉的吧。”

高手指点 这种不确定的回答，会让顾客对服装销售人员的专业素养抱有怀疑，进而对服装本身的质量不信任。

4.（顾客询问售后服务）“您放心吧，您买回去要是有问题来找我给您退。”

高手指点 没有直接就顾客的问题做出解释，顾客会觉得服装销售人员的话有些答非所问。

WHY 深度情景解析

顾客进店后会先简单浏览一下店里的服装，当看到某款服装吸引到他时，就会想要了解服装的细节。这时，顾客可能会需要服装销售人员帮忙，询问一些关于服装细节方面的问题（如价格、品质、服务等）。

这个时候顾客提出的问题一般都是自己非常关心的，会影响到最终购买决策。因此，服装销售人员在解答顾客疑问时要清晰、明确地告诉顾客答案，要有一说一，不要说一些模棱两可或者语言有歧义的答案，那样会让顾客觉得我们的回答很不可信。

实战强化训练 1

（顾客询问价格）

服装销售人员：“美女，您好！这款连衣裙原价360元，我们现在做促销，打五折，只需180元就可以了。买不买没关系，我先帮您拿下来，您可以先试试看，感受一下效果。”

金牌技巧点拨

热情、礼貌地招呼顾客，清晰、明确地说明售价，然后以“买不买没关系”的话安抚顾客情绪，引导顾客体验，增加顾客对服装的好感。

实战强化训练 2

（顾客询问品质）

服装销售人员：“先生，您的眼光真不错，这套西装是我们店里卖得最好的一款了！质量您可以放心，这是××牌子的，而且我们店是承诺15天无理由退换的，您买了之后要是发现有任何质量问题，都可以在退换期内找我们退换货。我给您找一件合适的尺码，您可以先试试看。”

金牌技巧点拨

首先称赞顾客的眼光，然后向顾客保证服装的质量，并提出15天无理由退换的承诺，减少顾客的顾虑，以增强顾客的购买信心。

实战强化训练 3

（顾客询问材料）

服装销售人员：“您好，女士，这款短袖是纯棉的，透气性好又卫生，穿上非常舒服。来，您先试试吧！”

金牌技巧点拨

明确地告诉顾客服装的面料，并向顾客说明该面料的优点，以此激发顾客的购买欲望。

YES √ 实战强化训练 4

（顾客询问售后服务）

服装销售人员：“美女，您好，我们店承诺 15 天无条件退换货的。如果您买了这条裙子，回家后发现有任何问题，只要在 15 天内找我们，马上可以为您办理换货或退款的。”

金牌技巧点拨

跟顾客清楚地说明售后服务情况，消除顾客的疑虑，在介绍时语气要热情，态度要诚恳。

12 情景演练 老顾客再次走进服装店

NO × 错误应对示例

1. “您好，欢迎光临！”

高手指点 对待老顾客跟对待新顾客没有什么区别，老顾客感觉不到你对他的重视，会很失落。

2. “王女士，好久不见您了，这次打算买点什么呢？”

高手指点 一上来就问老顾客要买什么显得太过功利了，好像双方之间除了交易没有其他关系，服装销售人员要尽可能拉近双方的距离。

3. “赵先生，您来了啊，您先随意选购，有什么需要随时叫我。”

高手指点 表述太随意了，会让老顾客觉得自己没有得到想要的重视，从而降低老顾客的购买积极性。

WHY 一 深度情景解析

老顾客基于之前的购买经验，对店铺已经有了很大的信任感，是服装店最优质的资源，相较于新顾客来说，他们更容易再次购买，还会把自己的购买感受传递给周围的亲朋好友，给服装店带来更多的客源。作为老顾客，他们希望能得到比新顾客更多的重视。因此，服装销售人员要给予老顾客一些“特别对待”，让他们有一种和他人不一样的感觉。

服装销售人员要牢记老顾客的资料，在老顾客进店时，准确叫出他的名字，这样会使老顾客感到惊喜，说明你并没有忘记他。在接待老顾客时，要多站在对方的角度思考问题，不要为了利益就阿谀奉承，要不卑不亢，以朋友的身份平等跟对方交流。

在与老顾客交谈的过程中，要多留意和他们的谈话内容，这里面很可能包含了他们的需求信息。服装销售人员一旦准确发现老顾客的需求，就可以直接把能满足其需求的产品推荐给他们。

YES ✓ 实战强化训练 1

服装销售人员：“张女士，欢迎光临！有一段时间没见您了，您还是这么漂亮！对了，记得您上次来的时候说想要件合适的薄外套，我们这几天刚进了一些新款，您要不要试试呢？”

金牌技巧点拨

清楚地记得老顾客的姓名及上次购物时提出的想法，会让老顾客感受到自己是被重视的，会进一步增加老顾客对店铺的好感。

YES ✓ 实战强化训练 2

服装销售人员正在为 A 顾客服务，这时 B 顾客进店了。

服装销售人员对 A 顾客说：“对不起，请您稍等一下，我马上就回来。”

然后边走边向 B 顾客大声说：“赵女士，好久没见您了，您可来了！”

接着走到 B 顾客身边小声说：“您先随意挑选，我招呼完那位顾客马上就过来。”

金牌技巧点拨

服装销售人员虽然正在接待别的顾客，但仍然热情招待老顾客，用小声说话的方式跟老顾客建立亲密感，这样更能增加老顾客对销售人员的信任。

第二章

Chapter 02

挖掘顾客需求情景口才训练与实战技巧

销售口才

有人说“言不在多，达意则灵；话不在多，而在于精。”这句话用服装销售人员的话说就是顾客进店肯定是有所求的。有很多顾客在进店的时候并没有表明自己需要什么类型的服装，都是服装销售人通过正确引导挖掘顾客需求，从而达成最终交易。

13 情景演练 顾客说："我也不知道要买什么"

NO ✕ 错误应对示例

1. "行，那您先自己看看吧，有需要再叫我。"

高手指点 服装销售人员如果这么轻易就放弃了顾客，也就等于放弃了一次成交的机会。

2. "您都不知道自己要买什么，我怎么给您介绍啊？"

高手指点 对待顾客太没有礼貌了，不仅会引起顾客的反感，让顾客对店铺产生不好的印象，以后不会再进店了。

3. "那我给您推荐一款吧，肯定适合您。"

高手指点 话说得过于绝对了，如果顾客看了之后还是不喜欢，就会对服装销售人员失去信任。

WHY 一 深度情景解析

很多顾客在逛服装店时都没有明确的购买计划，可能只是为了打发闲暇时光、了解现在的潮流趋势、欣赏服装等。如果店里并没有顾客喜欢的服装，当服装销售人员上前询问顾客的购买需求时，顾客通常会说自己也不知道要买什么。

但服装作为人类生活的必需品，需求是必然存在的，顾客只不过还没有意识到其对衣服的具体要求。所以，当顾客说"我也不知道买什么"的时候，服装销售人员决不能轻易放弃，要善于挖掘引导顾客的潜在需求，并利用一些优惠或者节日庆典等事件激发顾客的选购热情。

也可以通过对顾客着装的观察，向顾客推荐类似穿衣风格的服装。但向顾客推荐时，要注意语气，不能太过于绝对，要留有余地，否则推荐的服装顾客一旦不满意，就会对服装销售人员的信任有所降低。

在询问顾客的购买需求时，可以这样说：

1. 欢迎光临！我们××这有多个品牌，您平时最喜欢穿哪个品牌呢？

2. 您好，这款××是我们店里今年卖得最好的一款……（介绍服装卖点）您是想自己穿还是买来送人呢？（了解穿衣对象）

3. 我们店里新进的一批××在这边……（介绍服装卖点）您看看是不是符合您的眼光？

4. 您真是太有眼光了！我们这款今年卖得特别好……（介绍服装卖点）您要是今天买的话我们还有优惠。

YES √ 实战强化训练 1

服装销售人员：“女士，我们店刚进了一批新款服装都在这边，全部都是今年最流行的款式，非常时尚，您过来看看有没有喜欢的。”

金牌技巧点拨

通过对顾客着装的观察，向顾客推荐符合顾客穿衣风格的衣服，但推荐不能过于单一，最好多推荐几款，让顾客自己选择。

YES √ 实战强化训练 2

服装销售人员：“美女，您好，今天是我们周年庆促销的最后一天了，那边的夏装都是五折，每人最多只能购买两件，价格确实非常实惠，您可以过去看看。”

金牌技巧点拨

向顾客介绍店铺的促销活动，并用限购来证明活动的优惠力度，以此刺激顾客的购买欲望。

YES √ 实战强化训练 3

服装销售人员：“先生，五一马上就要到了，我们店里特意进了一批中老年服装，您回家的时候可以给父母带两件，让父母开心一下。”

金牌技巧点拨

通过利用节假日或一些特殊事件来刺激顾客的潜在需求，唤起他们的购买欲望。

14 情景演练 顾客说："不知道你们的衣服贵不贵啊"

NO ✕ 错误应对示例

1. "这款贵一些，1288 元，您还看吗？"

高手指点 回答太直接了，而且有一种瞧不起顾客的意味，会引起顾客的反感，影响最终交易的实现。

2. "您想买多少钱的呢？"

高手指点 这种涉及"买"和"钱"的问话会给顾客带来很大的心理压力，问话要注意避开敏感词。

3. "衣服吊牌上都有标价的，您看着找价位合适的试试吧！"

高手指点 这样的回答会让顾客不满，什么样的价格才是合适，其他价位的就不能试了吗？

WHY 一 深度情景解析

顾客在购买服装时会考虑很多因素，其中价格就是影响顾客购买决策中非常重要的一个因素，人们都希望以最少的钱买到最好的产品。所以，当顾客对某款服装感兴趣时，就会有一个大概的心理价位。一般当服装的价格符合顾客的心理价位时，才有可能成交，因此服装销售人员在确定了顾客选择的服装类别之后，就要推测其心理价位。

一般来说，销售的服装都是有明显的价签，所以服装销售人员要注意观察顾客在看到价签时的反应，通过顾客的反应来判断顾客的心理价位。如果店里的服装没有价签，服装销售人员可以询问顾客："您觉得什么价位的比较合适呢？"但是，如果顾客不信任服装销售人员或者有很强的虚荣心，回答的价位也可能并不真实。所以，服装销售人员还是应该向顾客推荐不同价位的服装，并注意观察顾客对价格的反应。

YES √ 实战强化训练 1

服装销售人员："美女，我们这里的礼服做工都非常细致，500~4 000 元之间各个价位的都有，品种也很齐全，您觉得哪个价位的比较合适呢？"

金牌技巧点拨

在回答了顾客的问题之后，直接询问顾客的心理价位，对顾客的心理承受价位有一个基本了解之后，更容易推荐成功。

YES √ 实战强化训练 2

服装销售人员："这款连衣裙我们卖 658 元，那边那款卖 458 元，两款的风格、外形都差不多，但这款的面料是韩国进口的，要更好一些，不知道您是否更看重面料？"

金牌技巧点拨

跟顾客解释两款服装价格不同的原因，看顾客更喜欢哪一款，以及对高价位的服装是否能接受，如果遇到虚荣心强且不信任服装销售人员的顾客，可以利用此方法。

15 情景演练 顾客看了很多衣服都不是很满意

NO × 错误应对示例

1. "美女，您挑了这么久，到底要买什么样的啊？"

高手指点 对顾客说话太不礼貌了，而且有一种不耐烦的感觉，容易引起顾客的不满。

2. “美女，您看的那些短袖都非常不错的，您还是不满意吗？”

高手指点 没有了解顾客的真正需求，也没有站在顾客的角度去考虑问题，这样交易很难成功。

3. “要不您再试试其他的？”

高手指点 服装销售人员并没有为继续销售做任何努力，而是顺着顾客的意思去做，承认顾客试的衣服都不好看，使得销售工作从零开始，因为顾客已经挑了很长时间衣服，内心已经烦躁，即使试了其他衣服，也不会购买的。

WHY 一 深度情景解析

顾客在看了很多件衣服之后，仍然不满意，这说明他有明确的购买需求。对于这类顾客，服装销售人员一定不能轻易放弃，要尽力帮助顾客找到其想要购买的服装。

遇到这种情况，服装销售人员要及时出现，为顾客提供帮助，否则顾客很可能会失去挑选耐心，马上离开。因此，服装销售人员可以直接询问顾客想买什么样的衣服，但在询问的同时要注意说话语气和态度，不能带有不礼貌的意味。顾客本来就因为找不到合适的衣服感到烦躁，这时服装销售人员再没有礼貌，很大可能会引起顾客的愤怒。

YES ✓ 实战强化训练 1

服装销售人员：“美女，您是想选连衣裙吧，您能说说想要什么样子的吗？”

金牌技巧点拨

先礼貌询问顾客想买的衣服的款式、面料、风格、价格等，然后根据顾客的描述向顾客推荐合适的服装。

YES ✓ 实战强化训练 2

服装销售人员：“先生，您好！您是想选西装吧，您对颜色和材质有什么要求吗？”

金牌技巧点拨

先礼貌地跟顾客打招呼，然后询问顾客对服装颜色和材质的要求，打开与顾客进一步交流的话题。

16 情景演练 询问顾客喜欢什么款式的服装

NO ✕ 错误应对示例

1. “您好，您想买什么款式的服装？”

高手指点 每个类别的服装都有不同的款式，服装销售人员要先确定顾客想买的服装类别，再询问顾客想要的款式。

2. “咱们这边有很多款式，您先自己挑选一下吧！”

高手指点 服装销售人员一定要了解顾客喜欢什么款式，然后向顾客有针对性地推荐，而不是让顾客自己盲目挑选，这样成功销售的概率会更高。

3. “这么多款式，您有看上的吗？”

高手指点 这种反问的方式不仅无法得知顾客的真实需求，还很容易得到顾客的否定回答，降低销售的成功率。

WHY 一 深度情景解析

款式是顾客在选购服装时重点考虑的一个因素，因为款式的合适与否会影响最终的穿着效果。顾客在面对不同款式的服装时，他们希望能得到服装销售人员的专业建议。因此，服装销售人员在向顾客介绍不同款式的服装前，要先挖掘顾客对款式的喜好，可以按照款式将服装分类，通过列举不同款式的服装，询问出顾客的偏好，然后有针对性地向顾客推荐合适的服装。

将不同的款式展示给顾客时，要多观察顾客的反应，因为一些款式上的微小差异，都有可能影响顾客的购买决策，顾客对各个款式的不同喜好在这时都会流露出来。

YES ✓ 实战强化训练 1

服装销售人员：“您好，您想看裙装吧，我们这里各个款式都有，连衣裙、短裙、A 字裙、西装裙、半身裙，您比较喜欢什么款式呢？”

金牌技巧点拨

先按照裙子的款式分类，并一一向顾客介绍，然后询问顾客喜欢的款式，最后就可以有针对性地向顾客推荐其中意的服装。

YES ✓ 实战强化训练 2

服装销售人员：“您好，我们这里的外套大概有这几种款式，那边主要是休闲一点儿的，这边几款是比较正式一点儿的，您比较喜欢哪一款呢？”

金牌技巧点拨

在服装款式比较少的情况下，可以直接向顾客展示，然后询问顾客喜欢什么样的款式，着重为其推荐。

YES ✓ 实战强化训练 3

服装销售人员：“美女，您看中哪一款裤子了？”

顾客：“我还不知道呢，正在看。”

服装销售人员：“不好意思，打扰您了！我给您介绍一下我们店卖得最火的两种款式。您面前的这条穿起来能凸显您腿部的线条，让您的身材看起来更加性感有型。而那边那条则比较宽松，穿起来很舒适，而且显得特别淑女。不知道您更喜欢哪一款呢？”

金牌技巧点拨

利用选择式提问法挖掘引导顾客对款式的偏好，顾客往往会在服装销售人员提供的两个选项当中选择其中一个。

17 情景演练 如何询问顾客想选购什么类别的服装

NO ✕ 错误应对示例

1. “您好，请问您想买哪类的衣服呢？我带您去看看。”

高手指点 大部分顾客在逛服装店时的目标并不是很确切，因此服装销售人员的用词一定要委婉得体，而“买”这个字太直接了，会给顾客带来压力。

2. “美女，那边是女装，您从这儿过去吧。”

高手指点 顾客不一定是来买女装的，在没有了解顾客的需求前不要主观判断，也许她是给男朋友买呢？

WHY 一 深度情景解析

服装店一般都会把衣服按照品类进行分类，把类别相同的服装摆放在一起，方便顾客选购。当顾客走进服装店后，会去寻找自己感兴趣的服装类别，然后仔细比较挑选，最终找到令自己满意的服装。

因此，服装销售人员首先要搞清楚顾客想买哪一类服装，然后迅速把顾客带到指定服装区域，再向顾客推荐合适的服装。在询问顾客对服装类别的需求时，可以在以下三个时间点进行询问。

顾客刚进店时

礼貌询问顾客有没有比较感兴趣的服装类别，如果有，就带顾客到指定区域；如果没有明确回答，就进一步探询

长时间没有收获时

服装销售人员为了不打扰顾客选购，有时不会主动去招呼顾客，但发现顾客长时间没找到喜欢的服装时，就应主动上前询问顾客需求并予以帮助

顾客准备离开时

顾客转了一圈之后，没有找到喜欢的衣服准备离开时，服装销售人员要主动询问他们感兴趣的服装类别

很多顾客在逛服装店时往往没有购买计划，他们只是抱着闲逛的态度来逛，但如果在逛的过程中看到自己喜欢的服装也会购买。所以，服装销售人员在询问顾客的服装兴趣时，语气要委婉，不能让顾客产生“不买衣服就不要来逛”的感觉。

YES √ 实战强化训练 1

服装销售人员：“您好，欢迎光临××服装店，您想看看哪一类服装呢？买不买没关系，我给您介绍一下，好吗？”

金牌技巧点拨

先礼貌地询问顾客感兴趣的服装类别，然后通过一句话消除顾客的戒备心理，适合应对刚进店的顾客。

YES √ 实战强化训练 2

服装销售人员：“您好，女士，我们这边是女装区，那边是男装区，您想看看哪类服装呢，我给您介绍一下。”

金牌技巧点拨

先向顾客介绍了店内的服装类别划分情况，然后询问顾客感兴趣的服装类别，适合应对逛了一会儿仍没发现自己感兴趣的服装的顾客。

YES √ 实战强化训练 3

服装销售人员：“先生，请您稍等！请问您是想看哪类服装呢？也许我可以给您介绍一些适合您的，我带您去看看，好吗？”

金牌技巧点拨

先诚恳请求顾客留下，然后询问其感兴趣的服装类别，适合应对转了一圈仍两手空空要离开的顾客。

18 情景演练 不知道顾客是想逛逛，还是今天就买

NO ✕ 错误应对示例

1. “请问您今天买吗？”

高手指点 提问太过直接了，有一种急于求成的意味，会给顾客带来很大的心理压力。

2. “美女，您试了好几件了，您到底买不买呢？”

高手指点 对待顾客很不耐烦，不尊重顾客，容易引起顾客的不满，影响最终的成交。

3. “这款连衣裙是今年最流行的款式，价格是458元，您要买吗？”

高手指点 特意提到裙子的价格，有种看不起顾客的意思，会让顾客觉得很没有面子，即使喜欢也会因为导购员的态度而放弃购买。

WHY 深度情景解析

去服装店的顾客基本上可分为两类。

闲逛的顾客

没有明确的购买计划，只是为了消遣时间、放松心情，但如果在闲逛的过程中看到了自己很喜欢的衣服会进行购买，也可能因为一些原因不作出购买决定

有明确购买目的的顾客

只要看到喜欢的服装，感觉各方面都合适，一般会马上购买

大部分顾客都属于闲逛的顾客，服装销售人员要善于观察，当发现顾客有感兴趣的服装时立马上前介绍。如果顾客说“只是随便看看，今天不买”，服装销售人员也要礼貌招呼顾客“没关系，您先看看”，然后可以适当询问顾客这么说的原因。

如果顾客是没有带够现金，可以向顾客推荐其他的支付方式，如微信、支付宝、刷卡等。

如果顾客有购买意向，可以告诉顾客先交点押金，为顾客保留这件衣服。在跟顾客介绍时也可以暗示顾客“如果今天买，会……”，有利于减轻顾客的支付压力，还能探知顾客是否决定购买。

YES ✓ 实战强化训练 1

服装销售人员：“您好，美女，您真是太有眼光了！这款裙子今年卖得非常好，材质是真丝的，穿着非常舒适，您如果今天买的话，价格上我们还能有优惠呢！”

金牌技巧点拨

先赞美顾客的眼光，拉近与顾客的距离，然后针对服装的优点进行介绍，并试探询问顾客是否有购买意向。

YES ✓ 实战强化训练 2

服装销售人员：“您好，先生，您刚试穿的这套西装真的很适合您，显得您成熟稳重，而且您今天来的也真是时候，因为今天刚好是我们品牌的周年庆，全场服装大打折，明天就要恢复原价了。过了今天，如果您还想以这样的价格购买这件衣服，恐怕要等到我们下次的周年庆了。”

金牌技巧点拨

首先适当地赞美顾客，然后通过“周年庆”这一促销活动刺激顾客的购买欲望，让顾客下定决心购买。

19 情景演练 询问顾客喜欢什么风格的服装

NO ✕ 错误应对示例

1. “美女，您好，您想看看什么风格的服装呢？”

高手指点 顾客可能对风格没有一个具体的概念，这样的提问方式很容易让顾客感到困惑。

2. “您看的这件衣服不适合您的风格。”

高手指点 这么说顾客会不高兴，不要轻易地跟顾客说不适合，顾客也许正在尝试新的风格。

WHY 深度情景解析

服装风格对于大多数顾客来说是一个比较模糊的概念，他们不一定能准确说出他们的着装都是什么风格，但拿出一件衣服，他们一眼就能看出这是不是他们喜欢的款式。所以，服装销售人员要先了解顾客对服装风格的偏好，可以通过以下两个方面探寻顾客对服装风格的需求。

一方面

观察顾客，看顾客当时的穿衣情况和顾客的气质，然后试探性地询问

另一方面

列举一些具体的服装风格，询问顾客更喜欢哪种，然后有选择性地为其推荐

作为一名合格的服装销售人员，应该了解服装风格的详细分类和风格的具体特征，这样才能说服顾客购买。服装风格大体可分为以下几种。

嬉皮风格

繁复的印花、圆形的口袋、过细的腰部缝合线、宝石的配饰等都是嬉皮风格个性化穿戴的表现形式；从颜色上看，暖色调里的红色、黄色和橘色，冷色调里的绿色和蓝色等都是嬉皮风格的主要色彩。

淑女风格

自然清新、优雅宜人是淑女风格的概括。蕾丝与褶边是柔美新淑女风格的两大时尚标志。

韩版风格

韩版服饰舍弃了以往简单的色调堆砌，而是通过特别的明暗对比来彰显服饰品位。服装的设计者通过面料的质感与对比，加上款式的丰富变化来强调视觉冲击力，那种浓艳的、繁复的、表面的东西被精致的、线条感明显的、色彩丰富的设计取而代之，简洁得连口袋都省了的长裤、不规则的衣裙下摆、极具风情的花边都在表白它的美丽与流行。

民族风格

民族风格更趋向于中国的少数民族的服饰，包括盛装华服、演出服饰、符合日常穿着的改良民族服装和含民族元素的服装。服装主要工艺一般为绣花、蓝印花、蜡染、扎染；面料一般为棉麻或亚麻；款式上具有民族特征，或者在细节上带有民族风格。目前流行的民族风格的主要服饰有经典唐装、旗袍、改良民族服装等，当然还包括尼泊尔、印度等民族服装。

田园风格

田园风格的设计，是追求一种不要任何虚饰的、原始的、纯朴自然的美。田园风格的设计特点，是崇尚自然而反对虚假的华丽、烦琐的装饰和刻意雕琢的美。纯棉质地、小方格、均匀条纹、碎花图案、棉质花边等都是田园风格中最常见的元素。

波西米亚风格

层层叠叠的花边、无领袒肩的宽松上衣、大朵的印花、手工的花边和细绳结、皮质的流苏、纷乱的珠串装饰还有波浪乱发；其用色是运用撞色取得效果，如宝蓝与金啡，中灰与粉红……比例不均衡；注重领口和腰部设计。

OL 风格

OL 是英文 office lady 的缩写，通常指上班族女性，OL 时装一般来说多数是指套裙，很适合办公室穿着。

欧美风格

主张大气、简洁，面料自然，比较简约，搭配感和设计感强。

YES ✓ 实战强化训练 1

服装销售人员：“美女，我们的外套都在那边，您比较喜欢哪种风格的呢？是淑女风格、韩版风格，还是民族风格？”

金牌技巧点拨

在询问顾客对服装风格的具体需求时，可以给出顾客一些选择，因为很多顾客对服装的风格并没有很清楚的认识。

YES ✓ 实战强化训练 2

服装销售人员：“美女，看您的穿衣风格，您是不是比较偏好淑女装呢？”

金牌技巧点拨

根据对顾客着装的观察，试探性地询问顾客的着装风格，当顾客回答之后，销售就可以顺利往下进行了。

20 情景演练 询问顾客买服装是自己穿，还是送人

NO ✗ 错误应对示例

1. “美女，这款外套不适合您，您到这边看看吧！”

高手指点 还没有了解清楚顾客是买给谁穿的，就轻易发表自己的意见，很容易引起误会。

2. “美女，这边是童装区，请问您的孩子是男孩还是女孩？”

高手指点 顾客不一定是为自己的孩子买的，也可能是为亲朋好友的孩子买的，这样很容易引起尴尬。

3. “先生，您看的这边是女装，男装在那边。”

高手指点 没有先了解顾客的真实需求，就想当然地认为顾客要买男装，这样很容易使顾客感到尴尬。

WHY 一 深度情景解析

顾客购买服装不一定是为自己买的，也可能是买来送人的。因此，服装销售人员要先明确服装的使用者是谁，尤其在看到顾客对一些明显不适合自己的服装感兴趣时，就要弄清楚顾客购买服装的对象，这样才能向其推荐合适的服装。

要注意的是，顾客给自己买衣服和给别人买衣服所关注的点是不一样的，他们给自己买衣服更多关注的是实用性、价格、品质以及穿着效果等因素，而为别人买衣服，更加关注的是衣服的款式、外观等因素。

如果无法通过顾客的行为判断其购买服装的对象，服装销售人员可以在跟顾客介绍服装的同时，自然地向顾客询问买衣服是自己穿还是送人。

YES √ 实战强化训练 1

服装销售人员：“美女，您好，这条阔腿裤是我们今年卖得最火的一款，时尚美观，做工精细，版型非常好，您是自己穿还是想买来送人呢？”

金牌技巧点拨

向顾客介绍服装的优点，然后不经意间向顾客询问购买服装是自己穿，还是买来送人。

YES √ 实战强化训练 2

服装销售人员：“帅哥，您好，您买帽子是想送给女朋友呢，还是送给其他人？”

金牌技巧点拨

当顾客在一些明显不适合他的区域购物时，就可以直接询问顾客买服装的对象。

21 情景演练 顾客选购服装的重点考虑因素

NO ✕ 错误应对示例

1. “您要买短外套啊，您最看中什么因素呢，是款式、风格、质地还是做工？”

高手指点 顾客一下子反应不过来，可能不知道该怎么回答，前面应稍做铺垫后再进入正题。

2. “您挑了半天还不知道自己该买哪件吗？”

高手指点 对顾客很不礼貌，很容易引起顾客的不满，无论何时，都要切记不能用不耐烦的语气跟顾客说话，避免引起冲突。

3. “我们这几款短袖都非常不错，您随便选一个就行。”

高手指点 服装销售人员的态度有问题，算不上一个称职的销售人员，服务做得也不到位，应该从顾客的角度出发，选择他们最满意的服装。

WHY 一 深度情景解析

顾客在服装店选购服装时，往往会出现看着这款不错、那款也不错的情况发生，这主要是因为顾客对自己的购买需求还不明确，看到不同款式的衣服，就会很难做出选择。这时，销售人员要及时帮助顾客分析各个款式服装的优劣势及顾客更看重的因素，然后给出顾客建议，帮助其做出决策。

如果服装店很大，店内的同类服装有很多，那么服装销售人员在顾客进店跟顾客打招呼时，就可以借机探索顾客需求。弄清楚顾客要买哪类服装，更关注哪些方面，然后有针对性地推荐服装。

YES ✓ 实战强化训练 1

服装销售人员：“女士，您好，欢迎光临××服装店！您想看看哪一类服装呢？”

顾客：“我想买件外套。”

服装销售人员：“那真是太好了，我们店里的外套非常多，您更看中外套的款式、面料还是价格呢？我好帮您推荐一下。”

金牌技巧点拨

先跟顾客打招呼，然后询问顾客要买的服装类别，最后询问顾客看重的因素，适用于服装店规模大，店内同类别服装较多的情况。

YES ✓ 实战强化训练 2

服装销售人员：“美女，您的眼光真好！您选中的这几款连衣裙都很不错，您现在是不是很纠结，不知道该买哪款了吧？您更看中衣服的哪些方面，比如款式、面料、质量还是其他方面？”

金牌技巧点拨

首先夸赞顾客的眼光，然后询问顾客更看重服装的哪些方面，在得到答案后再帮顾客介绍推荐，帮助其做出最终选择。

YES ✓ 实战强化训练 3

服装销售人员：“先生，您的眼光非常不错，您看上的这几款西装都很好！其中这一款版型更好看一些；这一款的质地也不错；这一款呢，穿起来很舒适。您觉得这几个要素您更看重哪方面呢？”

金牌技巧点拨

首先分析了几款服装的各自优势，然后询问顾客更看重哪个优势，把服装之间的比较转化为服装要素间的比较。

22 情景演练 了解顾客喜欢什么颜色的服装

NO ✗ 错误应对示例

1. “美女，您不适合这个颜色的衣服，换个其他颜色吧，好吗？”

高手指点 这样说话有些唐突，可能会引起顾客的不满，可以说颜色不适合顾客，但不能说顾客不适合这个颜色。

2. “我觉得这个颜色要更适合您。”

高手指点 作为销售人员，要时刻谨记自己是卖东西的，不是代表顾客做最后选择的，一定要尊重顾客的想法。

3. “美女，您想买什么颜色的衣服呢？”

高手指点 在挖掘顾客需求时要委婉一些，应先了解顾客比较喜欢的颜色，然后向其推荐合适的服装。

WHY 一 深度情景解析

颜色是顾客购买服装决策过程中一个重要的影响因素，顾客在挑选服装的颜色时会考虑到和自己已有的服装、鞋子和箱包等服饰的颜色搭配，或根据自己的肤色选择适合自己的服装颜色。服装销售人员有必要了解顾客对颜色的喜好，然后根据其个性特点，推荐颜色合适的服装。

在向顾客询问对颜色的喜好时，可以将不同颜色的优点列举出来，让顾客能有意识地选择颜色。也可以直接询问顾客喜欢什么颜色，但要注意提问内容不能太突兀。

服装销售人员在介绍衣服时，必须要具备颜色搭配方面的知识，这样才能根据顾客的肤色、体型等特征为其推荐适合的服装。

比如，白色与鲜明颜色搭配能引人注目，与黑、鲜红、深褐、紫、海军蓝、绿色等搭配时形成对照美；与粉色调或近似白色搭配时，很难协调；与浅灰、青灰、灰棕色等搭配，会显得孤寂。而黑色与白色搭配，经久不衰；与暖色调搭配效果较佳；与鲜艳的色彩组合会有华贵、亮丽的效果；与深色搭配会有秋冬的厚重感。

YES ✓ 实战强化训练 1

服装销售人员：“美女，您平时比较喜欢穿哪种颜色的衣服呢？”

金牌技巧点拨

直接询问顾客对服装颜色的喜好，在了解顾客对颜色的偏好之后，更容易使销售成功。

实战强化训练 2

服装销售人员：“美女，您真有眼光，您看中的这款毛衫是今年的新款，除了您手上这款白色的，我们还有一件蓝色的，您穿上肯定也特别好看。您比较一下，看看哪个颜色您更喜欢呢？”

金牌技巧点拨

先向顾客展示了不同颜色的服装，然后用“选择提问法”向顾客提问，引导顾客进行选择。

实战强化训练 3

服装销售人员：“您喜欢什么颜色呢？”

顾客：“不知道。”

服装销售人员：“这款有紫色、蓝色、米白色、浅粉色和淡黄色这几种颜色，您喜欢哪一种颜色呢？”

顾客：“我好像比较喜欢浅一点儿的颜色。”

服装销售人员：“那您可以告诉我您准备在什么场合穿吗？”

顾客：“上班的时候穿。”

服装销售人员：“如果您想在上班时让人感觉有活力又不失女性的知性典雅，我建议您选择米白色和淡黄色。米白色和淡黄色都和您的肤色相配，您觉得哪种颜色最好呢？”

顾客：“哦，那就选米白色吧！”

金牌技巧点拨

服装销售人员通过正确的询问给顾客提供多种选择，引导顾客做出选择，最终选定适合自己的颜色。

23 情景演练 如何询问顾客喜欢什么面料的服装

NO ✗ 错误应对示例

1. "您要看面料好一点儿的，还是次一点儿的呢？"

高手指点 商品只有适合不适合之说，没有好坏之分，不同面料的服装成本、价格差异虽然不同，但都有各自的优点，这种说法不合适。

2. "羊毛的贵，但聚酯纤维的就要便宜很多了，您想看看哪种呢？"

高手指点 这种询问方式有种看不起顾客的意思，很容易引起顾客的反感，对销售有害无利。

WHY 一 深度情景解析

服装面料的不同，使得服装成本也是有差异的，当然，最后的上身效果自然也不同。所以，面料也是顾客购买服装时会考虑的一个重要因素。另外，不同的人对服装面料的要求不同，比如有的人看中面料的舒适，有的人看中面料的质感，所以服装销售人员要想办法搞清楚顾客对面料的喜好。

可以直接询问顾客，也可以将面料列举出来，简单介绍各面料的特点，让顾客自己考量，看顾客更侧重于哪方面，但要注意提问要委婉、语气要轻。

YES ✓ 实战强化训练 1

服装销售人员："您好，这边摆放的都是裙装，请问您对面料有什么要求吗？"

金牌技巧点拨

通过开放式提问，直接询问顾客对服装面料的要求，在了解清楚之后再有的放矢。

YES √ 实战强化训练 2

服装销售人员：“您好，我们这里的毛衣材质有羊毛的、兔毛的、马海毛的，您更喜欢哪种呢？”

金牌技巧点拨

直接给出顾客几种选择，能让顾客更准确地了解自己对服装面料的要求，销售人员也便于向顾客推荐其喜欢面料的服装。

24 情景演练 了解顾客对品牌的特殊偏好

NO × 错误应对示例

1. “好牌子的贵一点儿，差一点儿的牌子就便宜多了，您要买牌子好一点儿的，还是差点儿的呢？”

高手指点 每个品牌的定位与理念不同，不能说哪个牌子好或者差，而且也没说清楚不同品牌的产品之间的差别在哪里。

2. “××牌子比我们差远了，您肯定不会喜欢的吧？”

高手指点 不要以贬低竞争对手的方式抬高自己，要帮助顾客客观分析各个品牌产品的优劣势，这样才能赢得顾客的信任。

WHY — 深度情景解析

品牌作为服装的一个识别标志，不仅代表了服装生产商的品质、制作工艺、服务质量等，也代表着偏好这个品牌的顾客的价值取向、文化理念和精神归属。所以，大部分的顾客对服装都有一定的品牌偏好。对于他们来说，买一个好品牌的服装，意味着有放心的质量和售后，穿起来整个人的精神状态也不一样。昂贵的品牌产品象征的是个人的社会地位。

服装品牌已经成为很多顾客是否决定购买的

重要影响因素之一。因为顾客选择了某个品牌，就说明他对该品牌的很多方面都是认可的，有一定的信任度。因此，服装销售人员可以寻找适当的时机直接询问顾客对品牌的要求，也可以说出自己所售的各个品牌的优点，引导顾客做出选择。如果顾客有特别青睐的品牌，服装销售人员也无须在顾客身上花费太多精力介绍其他品牌的产品。

在对两个品牌的服装进行比较时，服装销售人员要做到客观、公正，尤其是当顾客提出更喜欢竞争对手的品牌服装时，服装销售人员要尊重顾客的想法，承认对手的优点，然后分析自身的优势，比较两者的优劣，以赢得顾客的信任。

YES √ 实战强化训练 1

服装销售人员：“先生，您好，我们这里有很多家品牌的运动装，不知道您最喜欢哪个品牌呢？”

金牌技巧点拨

可以直接询问顾客关于服装品牌的偏好，然后根据顾客的回答推荐合适的服装。

YES √ 实战强化训练 2

服装销售人员：“先生，您好，我们这里的运动装有很多品牌，像××牌子的穿起来很舒服，××牌子的款式时尚，××牌子的质量有目共睹，您想了解一下哪个牌子的运动装呢？”

金牌技巧点拨

依次列举出各个品牌的特点，然后询问顾客的品牌偏好，之后进行有针对性的推荐。

第三章

Chapter 03

试穿效果处理情景口才训练与实战技巧

销售口才

据研究数据表明，68%的顾客在试穿后会成交。在顾客试穿之后，服装销售人员都会得到顾客积极或消极的回应，积极的回应自然很好，但当顾客对试穿效果提出异议时，服装销售人员如果能巧妙化解，也能将危机转化为销售机会。

25 情景演练 顾客说："衣服太花哨，不适合我"

NO ✗ 错误应对示例

1. "美女，这可是今年最流行的款式啊！"

高手指点 好像在暗示顾客见识少，不懂潮流趋势一样，并且每个人对于服装的搭配都有自己的审美，因此不要轻易否定顾客的意见和看法。

2. "大家最近都很喜欢这种风格啊！"

高手指点 顾客既然说了不喜欢，那再说大家都很喜欢也起不到任何作用，还有种在说顾客的审美有问题的意思。

3. "不花哨啊，只是您不习惯罢了！"

高手指点 直接否定了顾客的异议，并没有解决顾客的问题，把责任直接推到顾客身上，会让顾客觉得不舒服。

4. "这就是这种风格的，您要是不喜欢，可以看看其他款式的。"

高手指点 这是一种很消极的应对方式，直接承认了顾客的观点，在顾客提出异议后，服装销售人员应该倾听顾客的诉求，再做回应。

WHY 深度情景解析

顾客希望自己经常购买的服装店能一直保留自己喜欢的风格和款式，一旦顾客走进服装店，发现已经没有自己喜欢的款式了，他们会很失望，可能以后都不会再光顾了。大部分的服装店都会在经营一段时间后，形成自己的服装风格，久而久之形成了自己的老顾客群，但服装风格不能一成不变。所以，当服装整体风格出现较大改变的时候，要注意观察老顾客的反应，设法克服他们的不协调感，努力让他们适应新的风格，从而留住老顾客。

顾客觉得衣服太花哨，是因为顾客不清楚这衣服到底适不适合自己。因此，服装销售人员要抓住顾客的需求，把服装的卖点介绍出来，以及能给顾客带来什么好处和改变，把顾客的疑虑转化为服装本身的优势。例如，顾客说服装花哨，就可以跟顾客讲“这样比较独特，更不容易撞衫”“穿上别致又时尚”“更能吸引别人的目光”等，这样就把缺点转化为了优点，让顾客觉得确实不错，从而产生购买意向。

实战强化训练 1

服装销售人员：“王女士，要不说您是我们的老顾客呢，一点儿小变化都瞒不过您。我们想着也快过年了，大家都要走亲访友的，衣服要‘撞衫’了也很尴尬。我们特意进了一批设计独特又新颖的衣服，让您穿出去绝对不会‘撞衫’。您看，这款跟我们以前的版型很像，但是这个拉链做成了非常独特的 S 型，很有特点，您试穿一下看看效果。”

金牌技巧点拨

首先称赞顾客的细心，让顾客对风格的变动不至于太反感，然后把风格的变化与顾客的利益结合，让顾客觉得这家店铺有人情味又贴心，继而对服装销售人员介绍的服装也产生兴趣。

实战强化训练 2

服装销售人员：“美女，很多顾客都像您这样说，这种设计确实比较大胆。但今年这几种款式挺流行的，所以我们就选了这些有特点的服装。您的肤色这么白，穿上这种款式，肯定不显花哨的，再配上您亚麻色的卷发，肯定会更时尚，您可以试试看。”

金牌技巧点拨

没有直接反驳顾客的话，而是顺着顾客的话从款式流行转移到顾客的肤色与服装的搭配上，再向其进行推荐，更容易让顾客接受。

26 情景演练 顾客说："款式好像太成熟了点儿"

NO ✕ 错误应对示例

1. "这个还成熟啊？"

高手指点 直接反驳顾客，好像在说顾客很无知，孤陋寡闻，很容易引起顾客的不满。

2. "您不喜欢成熟的，那您看看这款怎么样？"

高手指点 总是跟着顾客的喜好走，以致丧失了主动权，即使换一款推荐，顾客也不一定会满意。

3. "您现在正是穿成熟衣服的时候啊。"

高手指点 很容易引起顾客的误会，顾客可能会觉得服装销售人员在说：年纪大了，穿得成熟点儿也很正常。

WHY 一 深度情景解析

顾客对服装的喜好往往是主观的感受，但顾客说出来的并不一定是他们真正需要的，也有可能顾客不想表达其真实想法，或者他们都没意识到自己真正的需要。当顾客说"款式太成熟了"的时候，可能他们没有想到成熟或许就是适合自己的。这就需要服装销售人员具备良好的观察能力和说服能力，能够把顾客自己都没意识到的真实想法挖掘出来，引导顾客，让其意识到自己的需求，然后再向顾客推荐服装，这样就很容易得到顾客的积极回应。

YES ✓ 实战强化训练 1

服装销售人员："美女，您刚刚说我们的服装很特别，这就是我们特别的地方。您穿上它，会显出您的成熟、知性。您想，家人朋友们都已经习惯了您穿一种风格的服装，您突然换了一种穿衣风格，他们肯定会眼前一亮，您说是不是啊？"

金牌技巧点拨

对年轻人来说，或多或少会有一些叛逆心理，服装销售人员在跟顾客推荐时，可以适当利用这一点来刺激顾客，引导顾客尝试新的风格。

YES ✓ 实战强化训练 2

服装销售人员：“先生，这确实是比较成熟的一个款式，很多年轻人都很喜欢这一款，既正式又不会显得太呆板。您看，您穿上之后，立马就有了几分职业风采，成熟稳重的男士不但能得到老板的赏识，还能吸引女孩子的目光哦！”

金牌技巧点拨

先同意顾客的观点，然后启发顾客意识到这种特点对他有用时，并利用从众心理，以及男性渴望成功的心理特点来向顾客推荐服装。

YES ✓ 实战强化训练 3

顾客：“嗯，这个领子是V领，太低了。”

服装销售人员：“您是说V领太低了是吗？这是我们的特别设计哦。V领能够让双肩看起来更圆润小巧，而且女性最美的地方就是锁骨，V 字领刚好能把锁骨完美地展现出来。您看看镜子，不觉得这样很好看吗？”

金牌技巧点拨

服装销售人员可以先让顾客说出顾虑，然后有针对性地解释，把服装的特点带给顾客的美丽讲出来，这样才能打动顾客购买。

27 情景演练 顾客说：“不想跟别人穿一样的衣服”

NO ✗ 错误应对示例

1. “不同的人穿上有不同的感觉啊！”

高手指点 这并不足以成为让顾客购买的理由，大多数人并不希望自己和别人一样，销售人员要从服装能给顾客带来的效果的角度引导顾客购买。

2. “很多人都穿，说明这款服装受欢迎啊！”

高手指点 服装销售人员并没有从正面解决顾客的疑问，销售最后很有可能会无疾而终。

3. “您要是想跟别人不一样，就去买限量版的啊！”

高手指点 这明显是在挑衅顾客，很容易激怒顾客，引来不必要的争论，影响店铺形象。

WHY 深度情景解析

大部分顾客购买服装时都不希望跟别人“撞衫”，他们希望自己买到的衣服是独特的，与众不同的。虽然有时服装各方面都很好，但顾客往往为了避免跟亲朋好友或其他人穿同一件衣服而放弃购买。在这种情况下，服装销售人员要把这款服装的独特之处强调出来，让顾客感受到服装的特色，从心理上接受这件衣服。

顾客从注意服装到决定购买的整个过程，心理变化可大致分为七个阶段。

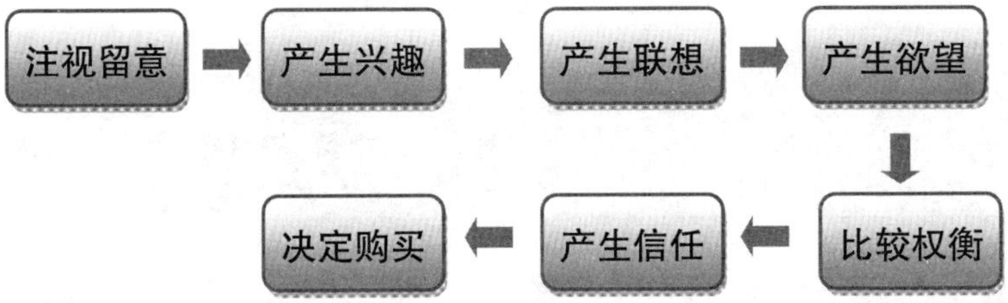

其中，最关键的阶段就是“产生联想”。顾客一开始可能只是对服装有好感，但经过联想，想到这件衣服穿在自己身上的样子，会有什么效果，把服装与顾客自身利益联系起来后，就很容易使顾客对服装产生喜欢和想拥有的欲望，这样才能顺利过渡到购买行动上。

因此，要想促成销售，服装销售人员要学会激发顾客联想。如果到最后顾客仍然不想购买，可以推荐别的款式。

YES √ 实战强化训练 1

服装销售人员：“您说得没错，这个款式今年卖得特别火。但您也知道，毛衣穿在里面，外边总要搭配个外套或者小的装饰品，不同的搭配会有不同的效果。我看您穿的这身就很时尚，说明您是个搭配高手啊！您身材这么好，又这么会搭配衣服，就算有十几个人跟您穿同一款毛衣，您也能把她们比下去，您说对不对？如果有意向，您可以去试衣间试试。”

金牌技巧点拨

首先承认顾客所说的是事实，然后称赞顾客会搭配衣服，让顾客对服装销售人员产生好感，最后再激励顾客，让顾客满怀信心地去试穿。

YES √ 实战强化训练 2

服装销售人员：“看来您真是一个走在时尚潮流前端的人，现在流行什么都瞒不过您。这种款式最近确实非常火，但您仔细看一下，会发现我们这款跟别的款式还是有区别的。您看，我们这里是系带的，能够更加突出少女的甜美感，还有喇叭袖的袖口设计，能显示出清新的气质。您试试看，肯定能吸引人很多人的目光。”

金牌技巧点拨

重点突出这款服装与普通款式的差别，强调这款服装能给顾客带来的效果，以满足顾客追求个性的心理。

YES √ 实战强化训练 3

服装销售人员：“美女，您真是一个很有个性的人，那您看看我们这几款怎么样？这都是我们今年的新款，是我们的设计师独立设计的，不会和别人‘撞衫’哦！”

金牌技巧点拨

如果实在无法说服顾客，可以推荐其他款式，根据顾客追求个性化的心理，向顾客强调服装的独特性，激发顾客的购买欲望。

28 情景演练 顾客说："这个颜色不太适合我穿"

NO ✗ 错误应对示例

1. "那您喜欢什么颜色的？"

高手指点 这样很容易被顾客牵着鼻子走，让销售过程变得很被动，服装销售人员应该学会在谈话中处于主导地位。

2. "这个颜色不深啊，很适合您。"

高手指点 这只是服装销售人员自己的想法，顾客并不这么认为，对解决顾客的异议起不到任何作用。

3. "虽然颜色浅，但穿上好看啊。"

高手指点 可以成为说服顾客的一个理由，但还要进一步说明，挖掘更多的利益点来打动顾客。

WHY 一 深度情景解析

由于每个人的观念和习惯不同，不同年龄阶段的顾客会对服装色彩有不同的偏好。例如，年轻人就比较喜欢时尚、活泼的浅色调，小孩子更喜欢鲜艳的颜色，而中老年人会更喜欢稳重的深色调。

如果顾客看上的服装正好有他们喜欢的颜色，那就可以直接让顾客试穿。如果店内没有顾客喜欢的颜色，服装销售人员也不能这么放弃，可以推荐相似的颜色，或者根据自己的经验推荐比较适合顾客的颜色。当服装销售人员站在顾客的角度考虑问题时，更容易推荐成功。

其实，要想了解顾客喜欢什么颜色并不难，顾客对颜色的偏好会体现在其日常的穿着与装扮中。服装销售人员只要注意观察，就可以发现一部分顾客对颜色的喜好，然后推荐合适的服装给顾客。

YES √ 实战强化训练 1

（顾客感觉服装的颜色太深）

服装销售人员：“先生，您是觉得黑色太深，显得太严肃了，是吗？其实，黑色是蛮经典的颜色。您穿上这件黑色的衬衫，显得既稳重又干练，一看就是成功人士，而且黑色很耐脏，所以很多顾客一进店就要试这款呢！”

金牌技巧点拨

男性更看中形象和方便，因此，服装销售人员可以从黑色给人带来的感觉以及黑色耐脏等方面有重点地向顾客推荐。

YES √ 实战强化训练 2

（顾客感觉服装的颜色太浅）

服装销售人员：“美女，白色是不怎么耐脏，但白色能显得您精神气更足啊，您看大街上的人都喜欢穿黑的、蓝的，您穿着白色在街上走，看着就与众不同啊。再说您气质这么好，白色既清爽又干净，真的很适合您。我看您刚穿的衣服就很干净，说明您是一个很爱干净、又会打扮的人，您穿上我们的白色外套，一定很好看的！”

金牌技巧点拨

先拿白色与其他颜色的衣服对比，突出白色服装的优势，然后称赞顾客的气质和爱干净的习惯，激起顾客对浅色服装的兴趣。

YES √ 实战强化训练 3

（顾客感觉服装的颜色太艳）

服装销售人员：“阿姨，瞧您说的，您这个年纪穿稍微艳点儿的衣服怎么了，都说‘老来俏’，您日子过得好，这可是福气啊！紫色是富贵色，只有像您这样有福气的人才能穿出味道呢！您穿这紫色的外套，再合适不过了。”

金牌技巧点拨

赞美和恭维是对待老年人最好的办法，把服装颜色与其好福气联系起来，这就离生意成交不远了。

29 情景演练 顾客试穿后，一句话不说就走

NO ✕ 错误应对示例

1. “您喜欢什么样的啊，我给您找找。”

高手指点 顾客估计也说不出想要什么样的衣服，如此询问也得不到什么有价值的答案。

2. “您喜不喜欢倒是说句话啊！”

高手指点 说话语气太冲了，很容易激怒顾客，引起不必要的争端，所以在跟顾客交谈的过程中一定要注意语气。

3. “您试了这么久，都没有喜欢的吗？”

高手指点 这个服装销售人员明显不耐烦了，而且有种埋怨顾客的意思，容易激起顾客的不满情绪。

WHY 深度情景解析

顾客已经试穿了好几套衣服，说明其是有明确购买需求的，所以才用心挑选。但试穿后一句话不说就离开，其中肯定是有原因的，应该向顾客询问是对衣服效果不满意，还是服务让其感觉不舒服。

服装销售人员此时要做的就是主动询问顾客，把问题找出来。只要服装销售人员能真诚地与顾客交流沟通，顾客也会乐意说出自己的想法。只要找到顾客所担忧的问题，就能采取相应的方法加以解决。

服装销售的原则就是不轻易放走一个顾客，但这绝对不是死缠烂打，而是指服装销售人员要把每一位顾客的需求和意见挖掘出来。要么，顾客直接买了我们的服装，增加了销售额；要么，就要让顾客告诉我们为什么不买我们的东西，让我们可以从中发现问题，并不断完善；或者给顾客留下好感，让其下次购物时还能想起我们。

YES √ 实战强化训练 1

服装销售人员：“美女，您稍等一下，今天您正好赶上了我们的周年庆，我们为您准备了一些小礼品，这是送您的一个手机挂件……您刚刚试过的两套衣服都不满意吗？看您的眼光很不错，不知道您喜欢什么款式的呢？”

金牌技巧点拨

利用赠品法，在服装店里可以常备一些小礼品，用这些小礼品接近顾客，这样很容易引起顾客的好感，然后引导其说出真实的想法。

YES √ 实战强化训练 2

服装销售人员：“先生，您刚刚试的那一套挺不错的，您是觉得哪里不合适吗？”

金牌技巧点拨

利用产品试探法，以顾客试穿过的服装引导顾客说出不满意的原因，然后有针对性地解决问题。

YES √ 实战强化训练 3

服装销售人员：“美女，您稍等一下，刚刚看您在很用心地挑选服装，现在匆匆忙忙要走，您是不喜欢这几件衣服呢，还是觉得我们的服务有问题呢？”

金牌技巧点拨

通过向顾客请教的方式询问顾客离开的原因，这样顾客会觉得自己很受尊重。而面对服装销售人员这样的问话，他们一般也会说出自己的想法。

30 情景演练 顾客说：“这款式太年轻了，不适合我”

NO × 错误应对示例

1. “那我再给您找件其他款式的吧？”

高手指点 顾客可以自己说不适合，但是服装销售人员不能应承，这等于肯定了顾客年纪大，不适合穿年轻的款式了。

2. “怎么会呢，您习惯一段时间就好了。”

高手指点 没有了解顾客的真正想法是什么就主观臆断，会让顾客对导购员的信任感降低。

3. “这款式就是为您这个年纪设计的。”

高手指点 直接反驳顾客的观点，很容易引起顾客不满，顾客不仅不会购买，还会对店铺产生不好的印象。

WHY 一 深度情景解析

无论女性处于哪个年龄阶段，对年轻和美丽的追求都是永远不变的。顾客有时可能会因为年龄和传统观念的原因，并不会把这种追求表现得很明显，但这不代表她们会放弃这种追求。当顾客提出“这款式太年轻了”“我都这么大把年纪了”的时候，她们想要的不是服装销售人员的附和，而是真诚的赞美和建议。

因为每一位顾客都有自己的独特之处，都有值得肯定和赞美的地方，服装销售人员要善于发现顾客的优点，真诚地赞美。要想赞美能够达到想要的效果，可以在平时多加练习，多观察身边的人，发现不同人身上的闪光点，总结他们值得赞美的地方，这样赞美就会越来越熟练。

服装销售人员在面对这类顾客时，首先要做的是帮助顾客建立信心，鼓励顾客尝试不同款式，同时，也要给顾客专业的建议。

YES ✓ 实战强化训练 1

服装销售人员：“您说笑了，我看您最多也就二十六七岁，您说您三十多岁了我可不相信。这款连衣裙挺适合您的，您看，淡淡的蓝色，配上立体蕾丝花朵，再搭配上里边的雪纺长款吊带，看起来特别端庄大方，特别优雅。小姑娘绝对穿不出您的这种味道，只有像您这样有气质的人才能穿出感觉来，您再试试吧？”

金牌技巧点拨

首先恭维顾客看起来很年轻，让顾客有一个愉悦的心情，然后开始向顾客介绍服装的卖点，并肯定顾客试穿的效果，增强顾客的购买信心。

YES ✓ 实战强化训练 2

服装销售人员：“姐，您的生活一定过得非常幸福，一点儿都不显年纪，我以为您也就二十多岁呢！您是觉得这款裙子哪里不适合您吗？”

顾客：“这裙子的花边我不太喜欢。”

服装销售人员：“看来您观察得很细心，如果裙子没有花边的话会显得很呆板，但蕾丝花边又会显得过于张扬，我们这款花边的设计很含蓄，一看就特别有品位，非常适合您这样既有气质又优雅知性的人穿呢！您可以试试，或许能给您不一样的感觉。”

金牌技巧点拨

对顾客表示真诚的赞美，然后询问顾客是对哪方面存有顾虑，最后结合顾客的实际情况，解决顾客的问题。

31 情景演练 顾客说：“这种样式的还有没有其他款的”

NO ✗ 错误应对示例

1. “有，都在那边，您随便看看吧。”

高手指点 没有展现出一个服装销售人员该有的专业素养，缺乏服务意识和服务热情。

2. “没了，就这一款了。”

高手指点 跟顾客说话的态度非常不礼貌，应对方式很消极，会降低顾客的购买热情。

3. “这种样式的一共有八款，您看看。”

高手指点 给了顾客太多的选择，反而会让顾客犹豫不决，很容易放弃购买。

WHY 一 深度情景解析

大多数顾客在购买服装的时候，都只有一个模糊的购买目标，他们需要进行不断的摸索之后，才能最终确定自己的购买目标。

在顾客的购买目标不是很明确的时候，服装销售人员可根据顾客对服装样式的喜好与需求采用漏斗式提问法，即由宽到窄、由大到小地提出问题，一步步缩小顾客的选择范围，帮助顾客找到其满意的服装。

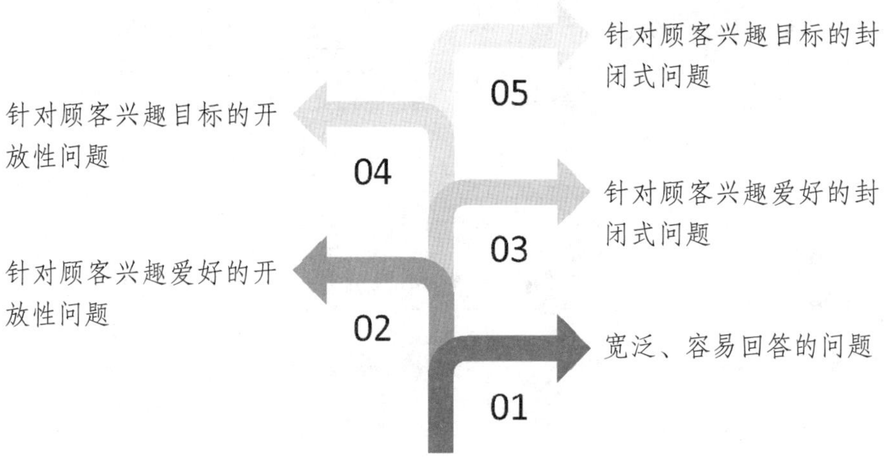

YES ✓ 实战强化训练 1

服装销售人员：“美女，看您很喜欢这种样式，对吗？”

顾客：“是啊，我比较喜欢这种的。”

服装销售人员：“这种样式我们目前有两种面料的，一种是纯棉的，一种是雪纺的，您比较喜欢哪种呢？”

顾客：“我夏天穿雪纺的比较多。”

服装销售人员：“那您对颜色有什么要求吗？您比较喜欢什么颜色？”

顾客：“浅一点儿的颜色吧，我不喜欢深色系的。”

服装销售人员：“您比较喜欢浅颜色的雪纺衣服，对吧？那您看看这两款怎么样，白色的和淡蓝色的，您觉得如何？”

金牌技巧点拨

通过漏斗式提问法，帮助没有明确购买目标的顾客缩小选择范围，直到顾客挑选到合适的服装。

YES ✓ 实战强化训练 2

服装销售人员：“美女，非常不好意思，本来这种样式还有一款绿色的，但是今天卖没了。就您拿的这款白色的也只剩下 4 件了。您皮肤这么白，穿白色的比穿绿色的更显得您有气质。来，您可以穿上试试效果。”

金牌技巧点拨

当发现顾客询问的服装缺货时，要礼貌地向顾客说明，并表明现有服装的优点，引导顾客试穿。

32 情景演练 顾客说：“这衣服穿着太紧了，不舒服”

NO ✗ 错误应对示例

1. “当初设计师设计的就是这样的。”

高手指点 设计的最终目的是为了满足顾客需求的，如果服装的设计和顾客的需求不对等，再好的设计也留不住顾客。

2. “紧身才显身材啊。”

高手指点 应该从顾客的自身优点上夸赞顾客，让顾客从心里喜欢上这种风格的衣服。

3. “您多穿几次就会松一点儿了。”

高手指点 这种应对方式并不能对解决顾客的问题产生任何作用，完全没有考虑到顾客的感受。

WHY 一 深度情景解析

每个人的穿衣风格都有所不同，当顾客已经习惯了一种穿衣风格后，再接触其他风格的服装，自然会有一些不适应。服装销售人员要想说服顾客接受新的服装风格，就要结合顾客的需求和心理，既要向顾客说明这种风格服装独特性，也要向顾客说明这种风格的服装为什么适合顾客。

这时候服装销售人员就变成了顾客在服装选择方面的顾问。当顾客对一套非常适合他们的服装表示不满意的时候，服装销售人员要利用自己的专业知识提出建议和看法。只要服装人员立足实际，并站在顾客的角度提出建议，顾客即使不采纳，也会被服装销售人员的话所影响。

服装销售人员向顾客提建议时，要注意以下三个要点。

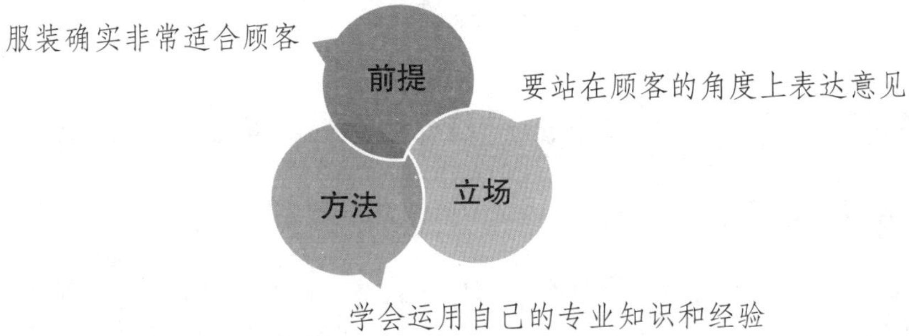

YES ✓ 实战强化训练 1

服装销售人员：“美女，我们这款衣服是特意设计成紧身的，因为这样可以把像您这样苗条的人的身材展示出来。您看，您这么好的身材穿上紧身的短袖，再合适不过了。而且这种面料非常清凉，贴着身体很舒服，您穿过几次之后，会稍微宽松一点儿，就不会觉得紧了。您看看镜子里的效果，多好看啊！”

金牌技巧点拨

向顾客介绍这是服装的独特设计，并且说明了服装的特殊材质，然后向顾客表明衣服会慢慢穿宽松，引导顾客感受试穿效果，不放过每一个赞美顾客的机会。

YES √ 实战强化训练 2

服装销售人员：“美女，看您的穿衣风格，平时比较喜欢穿宽松的衣服吧？您穿惯了宽松的再试这件紧身的，确实会有些不适应。我觉得，像您这么好的身材，可以尝试换个风格，您看穿上这件衣服之后您身体的线条全凸显出来了。您穿上这件衣服，肯定会让您的朋友眼前一亮的。”

金牌技巧点拨

在向顾客解释原因的同时夸赞顾客，让顾客自己感受上身效果，同时可以利用顾客的一点儿虚荣心，向顾客提出顾客朋友们看到后可能的反应，从而打动顾客。

YES √ 实战强化训练 3

（服装销售人员耐心解释后，顾客仍然不接受紧身的衣服）

服装销售人员：“美女，看来您真的不喜欢紧身的衣服，那我给您拿几件宽松一点儿的衣服，您再试试吧！”

金牌技巧点拨

如果顾客真的很不喜欢紧身衣服，不要强迫顾客接受你的建议，可以根据顾客喜欢的风格和款式推荐其他类型的服装。

33 情景演练 顾客说：“你们的衣服款式好少啊”

NO × 错误应对示例

1. “少吗？我没有觉得很少啊。”

高手指点 直接反驳顾客，容易引起顾客的不满，而且这种回答也没有任何说服力。

2. “我们店一共有上百款衣服呢，这不少了。”

高手指点 其实款式的多少跟顾客没有关系，他们在乎的是有没有适合自己的衣服，很显然，这句话并不能作为对顾客的回应。

3. “过两天我们就会有新品上架的。”

高手指点 顾客很少会等到新品上架的时候再来挑选，既然顾客现在来买，就要抓住顾客，努力完成销售。

WHY 一 深度情景解析

现在的服装风格多样、款式繁多、种类齐全，可供顾客选择的余地非常大，他们可以尽情选择自己喜欢的服装，但选择过多，也很容易让人感到混乱，无从下手，不知道什么才是适合自己的，不知道怎么选择。因此，款式少了不一定就是坏事。

服装销售人员就可以抓住这一点向顾客解释：款式是不太多，但每件都是精心挑选的精品，然后通过询问顾客的喜好，向顾客推荐合适的服装。

服装销售人员在跟顾客沟通时，一定要对自己和服装充满信心。因为只有说服了自己，才有可能说服别人。当顾客对服装提出异议时，服装销售人员可以自信地告诉顾客，服装的特色和优势都是什么，能给其带来什么样的效果。

YES √ 实战强化训练 1

服装销售人员：“美女，您别看我们店里的服装少，各个系列最有特色的款式我们可都搜罗在店里了。您的眼光真不错，您刚看的那两款，都是今年最流行的款式，最近热播的电视剧《×××》里面的女主角穿的就是这种款式的，特别好看，非常适合您这样身材高挑的女孩子穿……”

金牌技巧点拨

没有围绕服装少这一点与顾客周旋，而是强调服装的特色和优势，然后试探着介绍顾客留意过的款式。

YES √ 实战强化训练 2

服装销售人员：“先生，您平时逛商场的时候会不会觉得衣服种类太多，不知道要挑选什么好啊？我们就是想到这一点，不想让您选购得太辛苦，所以精心挑选了一些当下最流行的款式，您是想看看短袖还是衬衣呢？”

金牌技巧点拨

首先让顾客想象在记忆里款式多而不知道如何选择的购物经历，让他们能意识到选择少未必不是好事，然后询问顾客的购买需求，为其推荐介绍。

实战强化训练 3

服装销售人员：“您说得对，我们店里的款式确实不多，但我们是专门卖韩式风格服装的店铺。您可以看看，这里面的每一款都是当下最流行的韩版款式。看您身上穿的这件连衣裙既时尚又大方，就知道您一定很会选衣服，您喜欢什么样式的呢？”

金牌技巧点拨

服装销售人员没有反驳顾客的话，而是结合顾客的穿着向其介绍店内服装的风格，既能迎合顾客的品位，又能顺势了解顾客的具体需求。

34 情景演练 顾客拒绝试穿导购推荐的衣服

错误应对示例

1. “这款挺适合您的，您试一下吧。”

高手指点 这只是服装销售人员的主观判断，说服力不强，顾客不会因为这句话就答应试穿。

2. “您是不喜欢这款吧，那您挑一款您喜欢的试试吧。”

高手指点 顾客没有试穿不一定是不喜欢，如果顾客正好喜欢这款，那这类话就会让服装销售人员与销售机会失之交臂。

3. “您先试试，试了也不一定就要买啊。”

高手指点 给了顾客一个消极的暗示，如果顾客试穿之后很满意，也可能因为这个暗示的影响而不去购买。

WHY 一 深度情景解析

服装是否适合自己，只有试了才能知道。顾客拒绝导购提出的试穿请求，可能是因为服装没有引起顾客足够的兴趣，或者顾客担心试穿之后不买，服装销售人员会一直纠缠，也有可能是顾客确实不喜欢或不习惯在卖场试穿。

当服装销售人员遇到这种情况时，要首先消除顾客的顾虑，然后向顾客展示服装，让他们对服装有一个大概的了解。当顾客对服装产生兴趣之后再邀请他们试穿，这样更容易得到顾客的积极回应。

邀请顾客试穿的方法有很多种，并不单单指“您试试吧”这样简单的邀请，暗示性的语言和动作也可以起到邀请的作用，甚至有时候比简单的“您试试吧”会更有效。但要注意的是，不管是明示还是暗示，邀请都不要超过三次，否则很容易让顾客感受到压力。

明示性与暗示性的邀请可以这样说：

明示性邀请	暗示性邀请
“您试试吧。” “喜欢就试试呗。”	“您身材真好，真想看看您穿上我们的衣服是什么感觉。” “我觉得，我们这款短袖跟您穿的短裙很搭配，您不妨试试看。”

据心理学研究表明，顾客对亲身参与的活动能记住 90%，对看到的东西能记住 50%，对听到的只能记住 10%。因此，服装销售人员一定要努力说服顾客试穿，这样才能激发顾客的兴趣，刺激顾客购买欲望。

YES √ 实战强化训练 1

服装销售人员：“美女，衣服好不好，您只有试试才知道，您要是不喜欢，我们也不会强买强卖的，这边是试衣间……”

（如果顾客仍然拒绝）

“美女，我们这款连衣裙是雪纺的，您夏天的时候穿上它，又舒适又清凉，您可以摸一下这料子……手感很好，您要是试一下，感觉会更好的，您这边请……”

金牌技巧点拨

先向顾客表明“绝对不会强买强卖”，让顾客可以没有任何压力地试穿。如果顾客仍然拒绝，可以让顾客先感受一下服装的质感，并介绍服装的主要卖点，然后再次引导顾客试穿。

YES ✓ 实战强化训练 2

服装销售人员：“先生，您真有眼光，这是我们今年的新款，透气性非常好，您平时如果喜欢运动的话，那再合适不过了。买不买没关系，您可以先试一下，这边是试衣间……”

（顾客拒绝）

“先生，看您好像不太想试穿，是不是因为您不太喜欢这条裤子啊？”

（顾客仍然表示拒绝）

“您保持沉默说明您并不讨厌这条裤子，您试一下吧，相信您穿上一定会很帅的，您这边请……”

金牌技巧点拨

先根据顾客的兴趣向顾客介绍服装，再以“买不买没关系”让顾客放下戒心并引导顾客试穿。如果顾客拒绝，服装销售人员可以询问顾客对服装的看法，解决其顾虑，并用赞美和微笑来打动顾客。

35 情景演练 顾客说：“这不太适合，太显胖了”

NO ✗ 错误应对示例

1. “您穿这个已经不怎么显胖了，换其他的可能还没这效果呢！”

高手指点 直接承认了顾客确实很胖，而不是衣服的问题，这样很容易让顾客觉得尴尬，最后放弃购买。

2. “还行啊，挺适合您的，您穿几天就会松了。”

高手指点 直接忽视顾客的感受，只想尽快把衣服卖出去，这样做反而容易适得其反。

WHY 深度情景解析

很多顾客在选购服装的时候，总是对自己的身材和形象不够自信。他们希望服装能够掩盖自己身材上的不足，使自己看起来更加美丽或帅气。服装确实能够达到这样的效果，但很大程度上取决于服装销售人员或顾客的服装搭配能力。

服装搭配是个技术活，同样的款式，不同的颜色或面料，使用不同的搭配方法，都会有不一样的效果。这需要服装销售人员在平时的工作中多向老员工请教学习，积累经验，摸索高矮胖瘦等各种体型的顾客穿什么衣服合适，怎么搭配好看，时间久了，搭配水平也会有所提升，更容易赢得顾客的信赖。

YES 实战强化训练 1

服装销售人员：“先生，您可不算是胖。这种颜色的衣服确实会显得人胖一些，您看看这款深蓝色竖条纹的短袖怎么样？它们的款式很像，但深色的显瘦，竖条纹还能让视觉上有拉长的效果。您试试，说不定会让您感到意外哦！”

金牌技巧点拨

在向顾客推荐服装时，可以运用自己在服装搭配方面的一些专业知识，有理有据地向顾客进行介绍，这样更容易让顾客信服。

YES 实战强化训练 2

服装销售人员：“美女，您一点儿都不胖，您这身材刚刚好，可能是颜色的原因让您觉得显胖。看您这么喜欢这个款式，那您试试这款吧。黑色的，视觉上会显得很瘦，这样绝对能穿出很好的效果！”

金牌技巧点拨

首先夸赞顾客，让顾客对自己有信心，然后给出顾客专业的建议和服装推荐，并引导顾客重新试穿。

36 情景演练 顾客说："穿上怎么感觉好奇怪啊"

NO ✕ 错误应对示例

1. "哪里奇怪了，您穿上挺好的啊！"

高手指点 没有找到顾客提出这种顾虑的关键原因是什么，只是简单地说一句话并不能起到刺激顾客购买的作用。

2. "这是今年特别火的一个版型。"

高手指点 大多数人喜欢的衣服并不代表顾客就一定要喜欢，如果顾客正好喜欢跟别人不一样的，这句话就起不到任何作用了。

3. "您是觉得颜色比较浅吗？（顾客摇头）那是图案不喜欢？（顾客还是摇头）还是……"

高手指点 不要随意揣测顾客的心理，如果对顾客的想法没有把握，可以直接进行询问。

WHY 一 深度情景解析

同样的一件服装，看着和穿在身上会有不同的效果和感受。顾客看着服装挂在那里感觉很不错，但试穿之后可能觉得有些地方不满意，从而放弃购买。

如果服装销售人员不知道顾客放弃购买的原因是什么，就无法成功说服顾客购买。因此，服装销售人员要诚恳地询问顾客，让顾客说出真实的想法，然后根据顾客的着装特色和习惯，有针对性地向顾客推荐服装。

当顾客对服装存有疑虑时，服装销售人员千万不能轻易放弃，其实这个时候顾客的情绪很复杂，他们不明白为什么这么好看的衣服穿自己身上就不合适了，他们比我们更想知道原因。因此，在这种时候，只要服装销售人员了解顾客的想法，然后大家一起来解决问题就好了。只要找到了问题所在，销售就等于成功了一半。

YES ✓ 实战强化训练 1

服装销售人员：“姐，您可以告诉我您平时喜欢什么样式的外套吗？”

顾客：“我喜欢短一点儿的，你们这个有点儿太长了，感觉不太方便。”

服装销售人员：“是这样的，您说得对，如果您穿惯了短外套，突然穿长一点儿的外套确实会不太习惯。但现在正值冬天，还是长外套更暖和。您穿个一两天就会习惯了，冬天一定要注意保暖。您看，这是不是比短外套要暖和多了呢？”

金牌技巧点拨

如果服装销售人员从顾客的穿着和试穿的服装之间发现了某些不一样的地方，可以先向顾客求证，再从顾客的角度出发介绍服装的特点。

YES ✓ 实战强化训练 2

服装销售人员：“先生，您都激起我的好奇心了，是哪里让您觉得奇怪呢？”

顾客：“这领子太紧了，我觉得呼吸都有点儿困难！”

服装销售人员：“先生，您是不是喜欢穿领子宽松一点儿的啊？”

顾客：“要比这个宽松一点儿的。”

服装销售人员：“那我明白了，先生，您稍等一下，我马上给您拿一款宽松一点儿的，保证您可以顺畅地呼吸！”

金牌技巧点拨

当顾客对服装提出某些疑问时，不要过于紧张，可以用一些轻松的话来与顾客沟通，这样问题解决起来会更容易。

37 情景演练 顾客说："这风格太休闲（正式）了"

NO ✕ 错误应对示例

1. "挺好看的啊，您还是穿休闲装比较好看。"

高手指点 有种在贬低顾客身上的穿着的意思，容易引起误会。

2. "一个女孩子，还是别穿那么正式，多严肃啊！"

高手指点 可以给顾客一些服装上的建议，但切记不能向顾客提出生硬的建议，同时要注意说话的语气。

WHY 一 深度情景解析

有的顾客喜欢休闲一点儿的风格，而有的顾客偏爱正式一点儿的服装，穿着打扮的风格也很容易受到职业的影响。想要让顾客改变自己的穿衣风格并不简单，但如果顾客试穿的衣服非常适合他，或者店里没有顾客想要的风格款式时，服装销售人员可以试着劝说顾客尝试新的风格。

但在劝说时要注意方式，当服装销售人员想给顾客提出一些中肯的意见，或对顾客的一些观念提出反驳时，不妨先对顾客表示赞美和恭维，然后提出建议。例如，顾客喜欢职业装，服装销售人员想建议顾客尝试休闲装，就可以赞美顾客穿上休闲装显得帅气、阳光等。

当顾客接受了这些赞美，就不会排斥能给其带来赞美的服装了，建议并不是只能"硬邦邦"地说，也可以"软绵绵"地说。

YES ✓ 实战强化训练 1

服装销售人员："美女，您很特别哦，很多女孩子来了都挑休闲的，觉得职业装比较严肃，可是您不仅喜欢职业装，而且穿上还挺好看的，说明您的身材真是不错。其实我觉得您完全可以尝试一下休闲款式的，您穿上职业装就是都市白领，穿上休闲装就是潮流达人，还可以让您的朋友天天看到不一样的您！”

金牌技巧点拨

没有哪一个女性天生不爱美的，她们喜欢被人关注，被人赞美，因此只要提到美丽与时尚总能打动她们。

YES √ 实战强化训练 2

服装销售人员：“先生，您穿的那套西装确实很不错，显得您很干练，一看就是职场精英。您上班穿职业装没错，但和朋友在一起，可能会给他们带来不小的压力。您看，您穿休闲一点儿的衣服就会让您显得帅气、有活力，而且很亲切，您觉得呢？”

金牌技巧点拨

对顾客的职业形象表示肯定，让其对服装销售人员产生一个好的印象，然后提一些职业装的不足之处，顺势强调休闲装的特色，以及给顾客带来的改变，顾客会很乐意接受建议的。

YES √ 实战强化训练 3

服装销售人员：“美女，看来您是个喜欢休闲风格的时尚达人啊！我们这款服装确实偏正式，但您想想平时同事们都习惯了您穿休闲装，您突然换上职业装，绝对会让他们眼前一亮的，而且穿上之后显得您更有气质了。”

金牌技巧点拨

先对顾客表示适当的赞美和恭维，然后提出自己的建议时，顾客就更容易接受了。

第四章

Chapter 04

化解质量异议情景口才训练与实战技巧

销售口才

在销售过程中，并不是每一单都能成交得非常顺利，顾客总是会或多或少地提出一些异议，毕竟世界上没有任何一种产品能完全得到所有顾客的满意。因此，作为一名服装销售人员，要掌握不同的化解质量异议的方法，这样才有望实现销售。

38 情景演练 顾客说："不知道这衣服会不会缩水"

NO ✗ 错误应对示例

1. "肯定不会缩水的，您放心。"

高手指点 话说得太绝对了，没有给自己留余地，万一真的缩水了怎么跟顾客解释呢？

2. "我可以教您怎么保养不会缩水……"

高手指点 顾客还没有决定买不买，就跟顾客罗列很多的保养事项，顾客可能会觉得麻烦反而不会购买了。

3. "我们已经卖了那么多衣服，从来没有顾客反映缩水问题。"

高手指点 如果真的缩水了，就会给售后工作带来纠纷，给店铺造成不好的影响。

WHY 一 深度情景解析

有些服装由于面料的原因，很容易出现缩水现象，对服装有所了解的人一般都知道这一常识。但顾客在选购服装时，既希望衣服穿起来很舒服，又希望它不会缩水。

当顾客对衣服会不会缩水这一点提出异议时，服装销售人员要实事求是，不能夸大服装的优点，也不要掩盖其缺点，同时要对自己所销售的服装充满自信。在给出顾客合理的解释之后，要适时将顾客的注意力转移到其他话题上。

在与顾客交流的过程中，要注意以下两个问题。

不随便给承诺

当顾客对服装有疑虑而犹豫不决时，服装销售人员不能为了成交就随便做出承诺。如果做出的承诺实现不了，很可能会彻底失去顾客的信任。

麻烦事之后说

大部分顾客听到麻烦的流程都有反感的情绪，而很多服装的洗涤、保养都是耗费精力的，这些注意事项说得太早，顾客可能会嫌麻烦而放弃购买；如果不说，又会给售后工作留下隐患。因此，这些事项要尽可能放到顾客决定购买之后再提。

YES √ 实战强化训练 1

服装销售人员：“美女，您这话真是问对了，我们这品牌有十几年了，亚麻服装一直是我们的主推产品。这款衣服我们用的是最畅销的亚麻面料，经过特殊的工艺处理，只要您按照说明洗涤，就不会有缩水现象的。我们这款短袖的销量非常好，每天都能卖出二三十件。如果质量不好，也不会有这么多人买的。不过我说得再好，也不如您自己试试，您往这边走，这边是试衣间。”

金牌技巧点拨

借助品牌的影响力和服装的热销性来说服顾客，然后适时转移话题，把顾客的注意力转移到对服装的试穿上。

YES √ 实战强化训练 2

服装销售人员：“美女，一看您就是行家，您肯定知道，只要是纯棉的衣服都会有轻微缩水。纯棉衣服的缩水率一般在5%左右，但我们的缩水率控制在2%以下。我们设计的纯棉衣服会偏大一点儿，所以即使轻微缩水后还是很合身。纯棉的衣服穿起来很舒服，您试试吧！”

金牌技巧点拨

向顾客表明衣服的实际情况，并强调在服装的防缩水方面所做出的努力，在解释之后尽快将顾客的注意力转移到对服装的介绍和试穿上。

YES ✓ 实战强化训练 3

服装销售人员："女士，亚麻的衣服舒适、清凉，但它同样需要好好保养。您洗的时候不要太过用力，然后晾在通风的地方自然风干就好，您可以看一下吊牌，上面都有说明。看您穿的这件衣服保养得很好，就知道您有一双巧手。我给您包起来吧！"

金牌技巧点拨

亚麻的衣服在洗涤保养上是有讲究的，但最好在顾客决定购买之后再向顾客简要说明，防止不正确洗涤造成服装损坏而使顾客认为服装本身质量有问题。

39 情景演练 顾客说："做工太差了，扣子快要掉了"

NO ✗ 错误应对示例

1. "您就先试试，您觉得合适的话我拿新的给您。"

高手指点 顾客可能会想，换一件就不会出现问题了吗？服装店不注重服装质量，顾客很难再信服。

2. "这件是样衣，试穿的人比较多，可能扣子就松了。"

高手指点 不要一出现问题就找借口回避，会让顾客觉得我们在推卸责任，更加不会相信衣服质量了。

3. "新衣服都是这样，回家再缝一下就好了。"

高手指点 明显是在敷衍搪塞顾客，没有站在顾客角度看待问题和解决问题，店铺销量自然也不会太高。

WHY — 深度情景解析

顾客在进入一家店铺之后，往往会对该店铺的衣服有一个期望值。服装品牌的知名度越高，店铺装修得越精致，价格和档次越高，顾客的心理期望值也就越高。

一旦顾客发现店内的服装有瑕疵，即使是很小的问题，也会动摇顾客的购买决心。如果小问题都解决不了，顾客就会将这个问题下意识放大，最终放弃购买。

服装销售人员在平时一定要对每款衣服勤加检查，尤其是在将衣服递给顾客试穿的时候要仔细地检查，这样才能及时发现衣服的瑕疵与问题。现在服装行业竞争激烈，细节和服务质量越来越重要。服装销售人员要关注每个细节，积累起来就是服装店的竞争力。

YES √ 实战强化训练 1

服装销售人员：“女士，感谢您给我们提出问题，如果我们不注意把这件衣服卖出去了，店长肯定会罚我们的，我给您拿件全新的您试试看。”

金牌技巧点拨

对顾客提出的问题，要及时表示感谢，表现出对顾客意见的重视，然后说出处理这种问题的办法，使顾客恢复对服装店的信心。

YES √ 实战强化训练 2

服装销售人员：“先生，非常抱歉，是我检查衣服的时候不细心，谢谢您指出来，我马上拿件新的给您试试。”

金牌技巧点拨

首先向顾客表示歉意，并及时改正，只要服装销售人员的态度足够真诚，顾客也不会抓住这件事不放的。

40 情景演练 顾客说：“你们和××相比，哪家质量好”

NO × 错误应对示例

1.“质量差不了多少，就看您喜欢哪家了。”

高手指点

无法吸引顾客选择自己的品牌，顾客仍然会在两个品牌之间摇摆不定。

2. “这个我也说不清，每个人的想法都不一样。”

高手指点

服装销售人员要对自己的产品充满自信，如果自己都看不到自己服装的优点，又怎么说服顾客选择购买呢？

3. “他们的品牌就是广告投得多，质量没我们的好。”

高手指点

诋毁竞争对手，在任何时候都是不可取的，这会给顾客留下不好的印象，让其怀疑服装销售人员的人品有问题。

WHY 一 深度情景解析

很多顾客在选购服装时都会“货比三家”，这是很常见的一种心理。顾客问到本品牌和其他品牌的区别时，说明顾客在做比较，还没有做出最终的购买决定。

在这种情况下，服装销售人员要客观评价竞争对手的服装，然后根据顾客的具体需求强调自己的品牌特色，最好将优势特色与顾客的喜好和兴趣结合起来，这样既没有贬低竞争对手的服装，又凸显了自己品牌的优势，更容易赢得顾客的信赖。

在与顾客谈论自己与竞争对手的品牌时，要掌握以下三个技巧。

技巧一

如果顾客并没有提到竞争对手品牌，服装销售人员尽量不要主动提及。

技巧二

要尊重和重视竞争对手，不能随意攻击和诽谤竞争对手品牌。服装销售人员要向顾客传达这样一个信息：不是竞争对手的服装不好，只是相比较而言自己的服装产品更适合顾客。

技巧三

多熟悉和钻研竞争对手品牌产品，对其了解得越多就越有利，知己知彼才能百战百胜。

服装销售人员需要掌握的竞争对手相关信息主要有以下几个方面。

服装产品	销售方法
品牌、价格、款式、材质、工艺、产地、主要卖点等	常用促销方法、促销力度、促销效果等
主流顾客群体、消费能力、服装偏好等	店面服务水平、售后服务事项、售后服务满意度等
顾客类型	服务

YES √ 实战强化训练 1

服装销售人员：“美女，看来您真的很会挑选衣服。我们两家品牌都是国内的大品牌，质量都很不错。××品牌的运动装很有特色，而我们的主要定位是都市白领，服装风格稍微职业化一点儿。您刚看的那款就很有特色，您穿上之后显得既优雅又时尚，您气质又这么好，可以试试这款。”

金牌技巧点拨

没有贬低竞争对手的品牌，而是大方得体地称赞竞争品牌的服装，并分析了两个品牌的不同定位，然后讲述本品牌的特色，以此吸引顾客。

YES √ 实战强化训练 2

服装销售人员：“先生，我们两家的服装种类还有价格都差不多，而且质量也都不错，有所不同的是××品牌的女装款式非常多，而我们更注重男装一些。您看我们店里大部分都是男装，而且款式都很新，就拿您刚看的这款来说……”

金牌技巧点拨

客观地评价了两家的品牌，然后突出自己品牌的特点，吸引顾客继续了解自己品牌的服装。

YES ✓ 实战强化训练 3

服装销售人员：“先生，您眼光真好，我们品牌和您说的这个品牌其实各有各的特色和风格，两个品牌都不错，没有哪家比哪家好的问题，关键是要看您自己的要求，请问您平时穿衣服是注重款式，还是……”

顾客：“我更看重款式一些。”

服装销售人员：“如果是这样，那我觉得我们品牌的服装能满足您的个性化需求，因为我们品牌强调的是……我们的特点是……当然，衣服还得您亲自试穿一下才知道效果，这边是我们的试衣间，您跟我来吧！”

金牌技巧点拨

首先赞美顾客的眼光，拉近与顾客的心理距离，然后了解顾客的购买偏好，并根据顾客的购买偏好介绍服装的卖点，引导顾客进行试穿。

41 情景演练 顾客说：“你们都说自己的衣服好，不能信”

NO ✗ 错误应对示例

1. “我们的衣服质量确实好啊！”

高手指点 没有任何证据来证实这一点，并不能打动顾客，质量好就要给出质量好的证据。

2. “您不信就算了，爱买不买！”

高手指点 作为一个服装销售人员，应该具备最基本的职业素养，对待顾客的服务态度如此恶劣，顾客怎么可能购买我们的服装。

3. “您怎么这么说话啊！”

高手指点 处理方式不冷静，太过于冲动，很容易与顾客发生争吵，引来不必要的麻烦。

WHY 一 深度情景解析

顾客在购物时都会保持一定的戒备心理。一方面，他们希望与服装销售人员沟通获得更多的服装信息；另一方面，他们却相当排斥服装销售人员的介绍，怕服装销售人员会欺骗他们。

之所以会出现这种情况，是因为服装销售人员与顾客之间还没有建立起完全的信任，顾客对服装销售人员的介绍半信半疑。因此，要想让顾客接受自己的产品，就要赢得顾客的信赖。

在面对顾客的质疑时，最重要的是保持自信，对自己的品牌和产品自信，有了自信心，才能轻松地应对顾客提出的问题，顾客会被你所表现出来的自信感染，从而对服装产生信心。

YES √ 实战强化训练 1

服装销售人员："姐，您说得没错，衣服质量如果有问题，我们夸得再好，您穿几天也就发现了，对吗？真丝的衣服不用我多说，您穿一下就能感觉出来。这个型号您穿着挺合适的，您试试吧！"

金牌技巧点拨

对顾客的想法表示认同，这会让顾客觉得我们很真诚、很实在，也会给予服装销售人员一定的信任。

YES √ 实战强化训练 2

服装销售人员："美女，我明白您的想法，您怕我们是'王婆卖瓜，自卖自夸'对不对？您放心，我天花乱坠一万句都不如您亲自穿上试试效果。来，试衣间在这边，您可以试试看。"

金牌技巧点拨

对顾客的想法表示理解，让顾客处在一种轻松的购物环境下，会使顾客比较容易接受我们的试穿邀请。

实战强化训练 3

服装销售人员：“姐，我完全能理解，一个店铺如果没有诚信肯定是干不长久的，而我们已经在这儿干了 5 年了，如果我们欺骗顾客，店铺早就倒闭了，您说是不是？我也就不多说了，衣服穿到您身上才能看出效果，您试试吧！”

金牌技巧点拨

通过跟顾客介绍店铺的口碑来赢得顾客的信任，让顾客既能感受到我们的自信，又不好拒绝我们的热情邀请。

42 情景演练 顾客说：“以前买的就质量不好，不敢买了”

错误应对示例

1. “我们的要更高档一些。”

高手指点 好像在说顾客之前买的是便宜货的意思，容易引起顾客的不满，从而影响后续销售。

2. “那要不您看看别的吧，我们除了皮的材质，还有其他面料的服装。”

高手指点 顾客或许只喜欢皮衣，而服装销售人员盲目推荐其他面料的服装，顾客可能提不起兴趣。

3. “您的皮衣是因为皮内纤维表面的油脂大量挥发，油膜被破坏了才会有裂纹的。要是您之前做好了保养，就不会出现这种问题了。”

高手指点 在与顾客交谈的过程中，不适合使用这些行业术语，会使顾客很容易对服装失去兴趣。

深度情景解析

顾客已经买过同类的服装了，虽然质量不好，但顾客还是对这类服装感兴趣，说明顾客真的很喜欢这类服装。只要销售人员能解决好顾客担心的问题，让他们重新对这类服装充满信心，销售并不难达成。

在跟顾客解释的过程中要注意，介绍是为了让顾客能更了解服装，因此过于专业的术语要转换成浅显易懂的话。同时，也不建议说很多，点到为止即可。

YES ✓ 实战强化训练 1

服装销售人员：“先生，您买的是皮革类的服装，在关节处确实容易有裂纹。但我们这款您可以放心穿，您看，我们在肘部、袖口和口袋这里，都加厚了一层，您捏一下是不是比其他的地方要厚？您只要按照吊牌上的说明正确使用，是不会出现裂纹的。真皮夹克非常适合您，穿上既帅气又时尚，您穿这个型号应该很合适，您先试试吧。”

金牌技巧点拨

先对顾客提出的疑问做了简要的解释，然后有重点地向顾客介绍服装的特色，以穿着效果引导顾客试穿。

YES ✓ 实战强化训练 2

服装销售人员：“真皮的衣服确实娇贵一些，不能暴晒，也不能挤压，还要经常做保养，只要稍不注意，就可能起裂纹。有很多顾客反映虽然穿着好看但是比较难保养的问题。不过您放心，为了方便顾客，我们设立了皮革护理中心，您在我们店购买的皮衣每个月都可以送来护理一次，现在老顾客们来买皮衣就放心多了。我们这款皮衣用的是羊皮，质地非常柔软，穿起来很舒服，您可以先试试。”

金牌技巧点拨

通过店铺解决顾客难保养的问题，打消顾客的顾虑，坚定顾客的购买信心。

43 情景演练 顾客说：“没有听说过你们这牌子啊”

NO ✗ 错误应对示例

1. “衣服好看就行了，品牌不是很重要嘛！”

高手指点 无论店铺是大是小，都要建立起品牌意识，而服装销售人员却对自己的品牌和职业缺乏热情和责任感。

2. “我们刚开始做这行，所以牌子还不是很出名。”

高手指点 这会让顾客对店铺更加不信任，甚至没有再深入了解下去的兴趣了。

3. “我们品牌是××明星代言的，手机上经常能看到广告，您没听说过吗？”

高手指点 好像在笑话顾客孤陋寡闻，没见识，非常容易激怒顾客，甚至发生争执。

WHY 深度情景解析

在大多数顾客的心里，知名的品牌往往有完善的服务与可靠的质量，因此很多顾客在选购服装时都坚持要看品牌。服装行业的竞争一直都很激烈，几乎每天都会涌现很多新品牌。无论企业多大，都很难把品牌做到人人皆知。

顾客说没听过这个品牌，也并不是不能理解。如果我们的品牌确实很知名，但顾客没听过，那可以跟顾客介绍一下我们品牌的历史和获得的成就，增强顾客的购买信心；如果我们的品牌还不是知名品牌，那不妨坦率而巧妙地承认，并趁机介绍品牌服装的特色。但要记住，无论品牌是知名还是不知名，都要注意跟顾客说话的态度，不能让顾客反感。

当顾客指出服装与品牌存在某些问题时，服装销售人员既要勇于承认，也要巧妙地把好的一面展示给顾客。比如，顾客说“没听过你们的牌子”，我们可以回答“您说的没错，我们牌子的知名度不高是因为把我们投广告的钱都花在如何做出令顾客满意的服装上了”等。

YES 实战强化训练 1

服装销售人员：“看来您很了解我们这一行啊，我们这个品牌的创始人就是不喜欢做广告，他总说把钱用来做广告不如把钱用在设计衣服上，广告做得再好也不如衣服本身质量好，您说是吗？就拿您刚看的这件真丝连衣裙来说吧，其他品牌店得卖 1000 多元，但我们店材料、做工都不打折的情况下，价格只有其他店的 1/3，只要 338 元，您看……”

金牌技巧点拨

跟顾客分析了广告与衣服质量之间的关系，让顾客自己比较哪个更重要，同时列举了具体的服装进行对比分析，让顾客觉得价格实惠，质量又好。

YES √ 实战强化训练 2

服装销售人员：“也有很多顾客像您一样，一进店就问我们这个问题，其实我们这个牌子刚进入这个城市，但我们在一线城市做得很不错，目前已经有 300 多家连锁店铺了。最近刚到这个城市，以后还需要请您多多关照呢！我们品牌的特色就是服装的款式新颖、时尚，您今天是想看看上衣还是裤子呢？”

金牌技巧点拨

告知顾客品牌的实际情况，并利用品牌已经做出来的成绩让顾客对服装质量有一定的信心。在顾客对品牌有了一定好感后，转入对顾客需求的挖掘。

YES √ 实战强化训练 3

服装销售人员：“您没听说过我们品牌，这说明我们品牌广告没有做到位。我们把广告都投在时尚杂志上了，很少投在网络媒体上，所以您可能没什么印象。这几年我们一直被评为‘中国十大服装品牌’呢。天气这么热，您是想看看裙子吗？”

金牌技巧点拨

并没有因为顾客没听过我们的品牌就小看顾客，而是把责任归咎到自己身上，不让顾客尴尬，然后介绍服装品牌的成就，转移顾客的视线，消除顾客的疑虑，最后对服装进行详细的介绍。

44 情景演练 顾客说：“这衣服真是纯棉的吗”

NO × 错误应对示例

1. “好像是纯棉的。”

高手指点 回答含含糊糊，服装销售人员不具备对应的专业素养，怎么能让顾客信任并购买呢？

2. “是纯棉的，肯定是纯棉的。”

高手指点 既然衣服是纯棉的，那就要给出一些相关证明，否则是很难让顾客信服的。

3. “牌子上写了纯棉的，那就是纯棉的。”

高手指点 顾客看了吊牌之后仍然没有放心，提出的疑问并没有得到服装销售人员的正面回应，这样的回答无法彻底打消顾客的疑虑。

WHY 深度情景解析

服装材质的好坏对顾客穿着的感觉影响很大。纯棉的服装穿起来柔软、舒适，对皮肤没有刺激，又比较透气，所以受到很多顾客的喜爱。但制作优质纯棉衣物的成本会比较高，一些厂商就会给档次低的混纺甚至是全化纤的服装打上纯棉标签来欺骗顾客。因此顾客在选购时，即使看到吊牌上写着“100%纯棉”，也难免会有所怀疑。

作为服装销售人员，在平时一定要注意学习和积累，要尽可能熟悉服装的每一种属性：面料、制作工艺、设计原理、流行性、市场认可情况等。只有这样，才能在顾客提出疑问时做到有的放矢，让顾客更加信服。

服装销售人员要掌握的服装材料专业知识主要有以下几个方面。

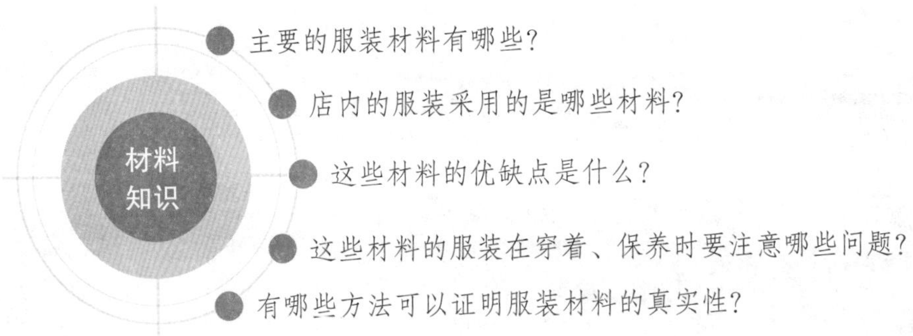

实战强化训练 1

服装销售人员：“您说得没错，现在确实有很多衣服以次充好，也难怪您对衣服质量担心。其实，要看衣服是不是纯棉的方法很简单。棉纱的弹性要比化纤的弱很多，您看，这件衣服折一下，再压一压，会发现折痕很明显，折痕越明显，说明含棉量越高。纯棉的衣服在拉扯后恢复得速度慢，不像化纤的衣服，拉一下就弹回去了，您可以自己试试。”

金牌技巧点拨

用有理有据的验证方法证明服装材料的真实性，既能让顾客对此产生兴趣，让其学到辨别技巧，又能让顾客信任服装质量，从而促成销售。

实战强化训练 2

服装销售人员：“我非常理解您的顾虑，您放心吧，我们一直是行业内排名前五的品牌，每款服装都是经过严格质检的，质量上绝对童叟无欺，您可以摸一下，纯棉的手感很柔和。这是不是纯棉，我说了也不管用，您自己试一下心里就有数了。”

金牌技巧点拨

先对顾客的疑虑表示理解，然后以服装的品牌和质检保证打消顾客的疑虑，并抓住机会邀请顾客试穿。

实战强化训练 3

服装销售人员：“美女，我跟您说实话，这款衣服确实不是 100%纯棉的。您也知道，虽然纯棉的穿起来舒服，但很容易缩水褪色，夏天经常出汗，还容易留下汗迹。我们这款是85%的棉，15%的涤纶，您看，吊牌上写了。它穿起来和纯棉的一样，很舒适，而且不褪色、不缩水，很多顾客都喜欢这种呢！您试试看，保准儿穿上就觉得柔软、舒服。”

金牌技巧点拨

当服装确实非纯棉时，可以坦诚地告诉顾客，以赢得顾客的信赖，然后解释这种面料相较纯棉的优势，以此改变顾客的看法，让顾客乐意试穿。

45 情景演练 顾客同伴说：“他们家的羽绒服总跑绒”

NO ✕ 错误应对示例

1. “我们都是按标准生产的，不可能会跑绒的。”

高手指点 这等于在否定顾客的同伴，容易引起他们的不满，觉得我们在撒谎，从而使销售达成的希望变得渺茫。

2. “您放心，我们这款羽绒服肯定不会跑绒的。”

高手指点 谁都会说自己的服装没有问题，这种随口而出的承诺很难让顾客信任，并不能真正说服顾客。

3. “羽绒服有一点儿跑绒是很正常的。”

高手指点 不要一出现服装质量问题就找借口逃避，这样只会让顾客更加不信任店铺衣服的质量。

WHY 一 深度情景解析

大多数顾客购物的时候都喜欢结伴而行，并且在看中一件服装的时候会询问同伴的意见。如果同伴给出的意见是正面的，将对销售的达成有很大的推动作用，而负面的意见就会对销售有阻碍作用。

同伴的一句话很可能就失去了一次交易机会，因此当同伴提出反对意见时，服装销售人员不要消极回避，也不能与其争辩，而是要调整好自己的心态，询问事件的具体过程，找出顾客同伴不满的原因，然后巧妙地化解，改变顾客对服装的负面印象。解决了顾客同伴的问题，也就清除了销售中的最大阻力，并且赢得了顾客同伴的好感。

YES ✓ 实战强化训练 1

服装销售人员（对顾客同伴）：“美女，看来您是我们的老顾客啊！您平时是怎么洗羽绒服的呢？”

顾客同伴："我买的是长款的羽绒服，只能用洗衣机洗啊！"

服装销售人员（对顾客和顾客同伴）："羽绒服最好不要用洗衣机洗，因为羽绒的纤维强度低，用洗衣机一洗会搅碎，这样就很容易跑绒。您肯定会说，既不能机洗，又不适合干洗，还得手洗，那多麻烦啊，对不对？您放心，我们就是考虑到这一点，所以羽绒服用的是进口面料，经过特殊技术处理，非常耐脏，就算脏了，只要轻轻揉搓一下就能洗干净，不会耽误时间的。您看这款式、这颜色都跟您特别搭配，您试试吧！"

金牌技巧点拨

首先告知顾客正确的洗涤方式，并强调了服装的面料特色，能有效消除顾客的顾虑，然后趁机向顾客提出试穿。

YES ✓ 实战强化训练 2

服装销售人员（对顾客同伴）："美女，您买的衣服出现这样的问题，真的很抱歉！不过您可以放心，我们对卖出去的服装一定会负责的，您下次可以把衣服带过来，我们免费给您加一层里衬，这样就不会出现跑绒的问题了。"

（对顾客和顾客同伴）："羽绒服跑绒确实让人很头疼，但您看的这款不一样，这款羽绒服用的面料的密度和牢度都非常不错，而且我们做了两层里衬，小羽绒绝对跑不出来。这款羽绒服不但质量好，而且款式新颖，很适合像您这样时尚、个性的女孩子，您试试吧！"

金牌技巧点拨

首先解决顾客同伴提出的问题，让顾客能感受到我们的认真、负责，然后针对顾客同伴提出的问题顺势介绍服装的优势，从而打消顾客的疑虑。

46 情景演练 顾客说："不知道这牛仔裤会不会褪色"

NO ✗ 错误应对示例

1. "刚开始洗的时候会有一点儿。"

高手指点 有一点儿，那"一点儿"是多少呢？这并没有一个明确的概念，顾客会更加疑惑。

2. “牛仔裤都会有些褪色的，这也很正常。”

高手指点 顾客既然对褪色很在意，就要向顾客解释清楚，然而这句话并没有真正回应顾客的问题，使成交成功的可能性降低。

3. “多洗几次就不会褪色了。”

高手指点 没有正面回答顾客的问题，顾客会觉得我们说话不实在，更加不会选择购买了。

WHY 一 深度情景解析

如果顾客在之前有过不满意的购物体验，在下一次购买的时候就会很谨慎。服装销售人员可以让顾客把之前不愉快的购物经历讲述出来，等顾客的情绪释放之后，就会更认真地听取我们的服装介绍，也能让我们从和顾客的对话中发现机会。

当顾客对褪色这类问题有疑虑时，服装销售人员可以通过产品检验文件、产品销量、其他顾客的评价、品牌的口碑和店铺信誉等因素来增强顾客对服装的信心，但要注意不能言过其实，也不能给出没有余地的回复。在跟顾客做了简单的解释之后，要适时转移顾客的注意力，引导顾客谈论服装特色、整体效果、试衣等话题。

YES √ 实战强化训练 1

服装销售人员：“美女，新买的牛仔裤都会有一点儿褪色的。我给您介绍个小妙招吧，您可以把新买的裤子先用盐水或白醋泡几个小时，再洗一遍，就会好很多。我们很多顾客都是这么做的，很有效果，您也可以试试。您看，这条裤子多适合您啊，把您的好身材全显出来了，我给您开票吧。”

金牌技巧点拨

服装销售人员可以向顾客介绍一些防止褪色的方法，然后以其他顾客的实验效果证明其有效性，让顾客放下担忧，然后将重点转移到服装销售上来。

YES ✓ 实战强化训练 2

服装销售人员：“您之前买的牛仔裤褪色很严重吗？是在我们这里买的吗？”

顾客：“不是你们这里的，褪色非常厉害，每次洗都会褪色。”

服装销售人员：“先生，牛仔裤在刚开始洗的时候都有些褪色，但像您说的洗一次就褪一次色确实不太正常，难怪您这么担心。我们这款您放心，它一直是我们店销量最好的一款，用的是优质布料，只有第一次洗的时候会有轻微的褪色。您看，您穿上这条裤子多合适啊，又帅气又时尚。我帮您包起来吧！”

金牌技巧点拨

当发现顾客对服装很满意时，可以简要回答顾客的问题，然后将重点放在顾客的穿着效果上，然后引导顾客成交。

47 情景演练 顾客说：“总是这几款，没那家的样式新”

NO ✗ 错误应对示例

1. “我们店衣服挺多的啊，您再挑挑。”

高手指点 既然顾客已经提出了款式少的意见，就要针对这一点向顾客解释，而不是顾左右而言他。

2. “那家店衣服款式是比较多，但质量不如我们的好。”

高手指点 不能为了把服装卖出去就恶意诋毁竞争对手，顾客不会听了这句话就选择购买，还会对我们店铺的印象变差。

3. “我们店款式就这么多，您要是不喜欢就去其他家买啊！”

高手指点 直接放弃了顾客，没有再做最后一次努力，语气也很差，同时顾客对店铺的印象也不会好。

WHY 一 深度情景解析

顾客虽然说其他店铺的样式新，但仍然没走，还把想法告诉了服装销售人员，说明顾客对店铺还是有兴趣的，他们希望得到服装销售人员合理的解释。顾客既然提出了意见，服装销售人员首先要对此表示感谢，然后向顾客强调本店的服装特色和优势，在了解顾客需求的基础上推荐合适的服装。服装销售人员要牢记以下两点。

牢记两点

无论是哪家服装店，都不可能做到十全十美，哪里出现问题，就改进哪里。顾客的意见就是发现问题并解决问题的一条途径，要感谢、重视、思考并总结顾客的意见和建议	服装销售人员要像店长、老板一样地去思考与处理问题，要始终保持对潮流的关注，对市场的关注，对同行的关注，对终端顾客的关注。在发现问题时，及时反馈给上级，让自己的品牌具备先人一步的竞争力

YES √ 实战强化训练 1

服装销售人员：“姐，听您这么说肯定是老顾客了。谢谢您给我们提的意见，我一定转告我们店长，多上一些新款。不知道您喜欢什么样的款式呢？”

金牌技巧点拨

首先真诚地对顾客表示感谢，让顾客感受到我们的尊重和重视，然后趁机询问顾客的喜好，以便向其推荐合适的服装。

YES √ 实战强化训练 2

服装销售人员：“真是感谢您给我们提出这么好的建议，很多老顾客也向我们反映过这个问题，我们也天天催着公司给店铺上新款，前两天刚到了几款，都很有特色，我带您去看看……”

金牌技巧点拨

首先对顾客的说法表示认同，同时要适时转移顾客的注意力，不能让其注意力一直集中在款式不多的问题上，要巧妙地转换到对新款服装的介绍上来。

48 情景演练 顾客说："这衣服还得干洗，不划算了"

NO ✕ 错误应对示例

1. "像这种比较高档的衣服，都是要干洗的。"

高手指点 显得顾客没见过世面一样，容易引起顾客的不舒服，也没能解决顾客关心的问题。

2. "干洗一次也才 20 多元啊。"

高手指点 好像在说顾客很小气，连 20 多元都花不起的意思，让顾客对服装销售人员的言行很反感。

3. "您要是实在不想干洗，手洗也可以。"

高手指点 如果可以手洗，那当然可以建议顾客手洗，但一定要对此有把握，否则不能随便提。

WHY 一 深度情景解析

有些质地或者做工精良的服装在洗涤保养的时候往往会建议使用者采取干洗的方法，但干洗相较于其他的洗涤方式来说，需要顾客支付较高的费用，因此很多顾客会觉得不太经济。其实，顾客的这种想法可以理解，所以要尽量避免跟顾客谈论干洗费用，而要把话题转移到服装的质量和品位上。

在与这类顾客沟通时，可以采用以下两种方法。

两种方法

对于自身有一定的支付能力，比较注重身份与品位的顾客，适当的刺激要比简单的劝说更为有效

巧用“是……但是……”转折法。不管顾客说的有没有道理，都要先认同，再委婉说服，可用“是，您说得有道理……不过……”

YES ✓ 实战强化训练 1

服装销售人员：“很多顾客当时也有过和您一样的想法，干洗是要多花钱，但对面料伤害小，不会造成衣服走形或者褪色变旧。像这套高档西装，您要是干洗，即使两三年后都和新的一样，但如果机洗，最多也就一两年的寿命。一套高档西装对于像您这样的成功人士来说，代表的可是身份，花几十块钱干洗不吃亏，您说呢？”

金牌技巧点拨

跟顾客介绍了不同洗涤方法之间的利弊，并适当地恭维顾客，让其能认同我们的看法，并给予回应。

YES ✓ 实战强化训练 2

服装销售人员：“我非常理解您的想法，干洗一次怎么也得 20 多元，这时间长了也是一大笔费用，但这正是高档服装和普通服装的区别。这款纯羊绒大衣一般人消费不起，它体现的正是您的身份和品位。好衣服自然要好好保养，一年最多洗四次就可以，100 元都不到，这样一笔额外的支出对您来说应该不算什么，您觉得呢？”

金牌技巧点拨

适当利用激将法，向顾客强调服装的档次，并将服装与其品位联系起来，让其下定决心购买。

49 情景演练 顾客说："感觉你们品牌的服装风格总在变"

NO ✗ 错误应对示例

1. "没有啊，我们一直是这个风格啊。"

高手指点 直接反驳顾客，会让顾客觉得很没面子，同时对销售也起不到什么作用。

2. "变化变化也挺好的。"

高手指点 顾客也许就偏爱某种风格的衣服，如果不停地变换风格，顾客肯定会选择其他服装店，因此最好跟顾客说清楚风格变化的原因。

3. "您不觉得这个风格更好吗？"

高手指点 在没了解顾客的喜好之前，不要问顾客这样的问题，如果顾客并不觉得好，不就很尴尬了吗？

WHY — 深度情景解析

一个服装品牌，只要品牌定位没有改变，服装的整体风格也不会做出大的改动，只是会依据市场和消费者的需求，适时做一些调整。

当顾客对服装风格提出异议时，服装销售人员可以先认同顾客的看法，然后向其阐述虽然服装风格有些微小变化，但仍然符合其需求，并进一步强调这种调整所带来的效果。

YES ✓ 实战强化训练 1

服装销售人员："宋女士，您是我们老顾客了，对我们的服装已经非常熟悉了。是的，最近我们的服装风格确实做了一些调整，这主要是跟着市场的潮流，在原有服装的基础上加入了一些流行元素，但整体的服装风格并没有什么大的变化。其实我觉得调整后的风格反而比以前更适合您，因为……"

金牌技巧点拨

先对顾客的看法表示认同，然后向顾客解释服装上做出调整的原因是因为添加了一些流行元素，更加适应市场需求，并分析调整后的风格为什么适合顾客，增强其购买信心。

YES ✓ 实战强化训练 2

服装销售人员：“哇，看来您对我们的服装风格真是非常了解啊！其实我倒觉得风格变了之后，反而更适合您了，这样您在平时穿着打扮的时候，无论是工作还是家庭生活也会多一些变化，比方说这两套就非常适合您，因为……”

金牌技巧点拨

对顾客熟悉服装的程度表示惊喜，然后介绍服装风格变了之后给顾客带来的利益，让其有继续了解的兴趣。

50 情景演练 顾客说：“你们的新款上市速度太慢了”

NO ✗ 错误应对示例

1.“我们差不多都在这个时间上新款。”

高手指点 这样的话并不能安抚顾客，还可能引起顾客的不满，遇到这种情况应该先对顾客表示歉意。

2.“要不您先看看我们的其他款式吧，也挺不错的。”

高手指点 顾客不会听你的去看其他款式的服装，既然来了直接问新款，就说明顾客对其他款式并没有太大的热情。

3.“这现在不是也到了吗？”

高手指点 直接顶撞顾客，很容易引起顾客的不满，本来一句“对不起”就能解决的事情变得更麻烦。

WHY 深度情景解析

无论在什么季节，顾客往往都希望能买到最新款的衣服，因为现在顾客买衣服其实更多购买的是一种流行，所以大部分顾客都会热衷于新款。但如果等待新款上架的时间太长，顾客等不及，就会产生抱怨。在这个时候，服装销售人员要注意不能直接反驳顶撞顾客，而应该先认同其观点，并向其诚恳道歉，然后迅速转移交谈重心，将其注意力转移到服装推荐上。

YES 实战强化训练 1

服装销售人员：“真是非常抱歉，我知道您肯定经常关注我们的衣服，这次确实是慢了几天，让您久等了，不好意思。您今天主要是想看看什么类型的衣服呢？”

金牌技巧点拨

首先认同顾客的说法，并对新款上新不及时向顾客表示歉意，然后将话题不着痕迹地转移到服装推荐上，转移其注意力。

YES 实战强化训练 2

服装销售人员：“是啊，这次确实慢了几天，我们也非常着急，还好昨天到了。今天您也是来得巧，正好新款刚摆到货架上，还新鲜着呢，今年的新款都很有特色，来，我为您介绍几款！”

金牌技巧点拨

首先认同顾客的观点，然后及时转移话题，开始介绍新款服装，激发其了解的兴趣。

51 情景演练 今年新款由于款式类似被顾客以为是老款

NO 错误应对示例

1. “这就是今年的新款啊！”

高手指点 这种回答过于简单，缺乏说服力，会让顾客感觉服装店没有随潮流进一批新款，说明服装店的风格意识很浅，大大降低了顾客的购买热情。

2. “衣服就那么几种款式，有些类似也是在所难免的。”

高手指点 这种说法没有说服力，而且有讽刺顾客没有见识的意思，会让顾客心里觉得不舒服。

3. “您说的是去年的哪一款啊？我怎么不知道。”

高手指点 这种对话并不见得高明，会使顾客产生一些不好的联想，而且这句话的语气也不好，成功销售的机会可能就没有了。

WHY一 深度情景解析

大多数的顾客在选购衣服时，都会有一种“喜新厌旧”的心理。因此，他们对款式比较陈旧的衣服通常会很敏感和排斥。当顾客觉得这款式是去年的旧款时，服装销售人员先不要着急对顾客的想法加以否定，也不要急着跟顾客辩解。应该先对顾客予以肯定、认同，然后将其异议作为服装的卖点，使其对服装产生好感，让其认同服装销售人员所推荐的衣服就是自己所需要的，从而促成交易。

如果顾客仍然对服装销售人员的推荐无动于衷，服装销售人员也不要勉强顾客，应向顾客推荐其他的新款。

YES√ 实战强化训练 1

服装销售人员：“哇，看来您对我们店铺的服装很了解，我想您应该是我们店的老顾客了，非常感谢您对我们的支持与厚爱！这确实是去年某一款服装的改款，针对去年的某些不足，我们在……上做了一些修改，所以与去年相比，它……（介绍服装优点）”

金牌技巧点拨

没有直接反驳顾客，而是先对顾客对服装店的支持表示感谢，然后从服装的创新上介绍服装的优势，激发顾客的兴趣。

YES√ 实战强化训练 2

服装销售人员：“您的眼力真好，确实是因为去年这款卖得特别好，所以今年就根据顾客的反馈建议做了一些细节上的改动，您看，就是这个地方。您去年有买过这个款式吗？（有）那您今天主要想看一下哪方面风格的呢……（没有）我们这款衣服加了一些更时尚潮流的元素进去，与去年比较会显得更加……（加上服装优点）尤其像您的身材与气质都这么好，穿起来肯定更美了。我帮您找个尺码，您试一下效果吧？”

金牌技巧点拨

首先赞美顾客的眼力，然后针对顾客提出的问题做出详细解释，并询问顾客是否买过去年的款式，根据顾客回答做出不同的回应。

YES ✓ 实战强化训练 3

服装销售人员：“我听您这么一说就知道您肯定是我们店里的老顾客了，真是不好意思，我这刚来两个月，以后还要请您多多指教。您今天是想看看什么类型的衣服呢，上衣还是裤子，风格有什么要求吗？我帮您推荐一下。”

金牌技巧点拨

并没有在新旧款问题上与顾客周旋，而是以自己刚来经验不足为由，迅速转移话题，将其注意力引到服装推荐上。

第五章

Chapter 05

应对讨价还价情景口才训练与实战技巧

销售口才

销售是一种以结果论英雄的“游戏”，销售就是要成交。没有成交，再好的销售过程也是枉然。而很多销售的失败都是由于错误应对顾客的讨价还价导致的。价格是顾客做出购买决定的最后一道屏障，因此学会如何应对顾客提出的价格异议非常重要。

52 情景演练 顾客说：“还不错，可就是价格太高了”

NO × 错误应对示例

1. “这已经很便宜了，其他家的衣服都卖200多元呢！”

> **高手指点** 好像在说顾客怎么连这么便宜的衣服都买不起，顾客很可能生气地离开店铺。

2. “您这么喜欢这件衣服，那就买下吧。”

> **高手指点** 服装销售人员还是没有解决顾客提出的异议，顾客是不会轻易就做出购买决定的。

3. “那我给您拿几款价格低点儿的衣服，您试试？”

> **高手指点** 顾客已经表现出对这件衣服的喜爱，就不要再随便推荐其他款式的衣服了。

WHY — 深度情景解析

顾客是否会采取购买行为在很大程度上取决于三个价格因素，分别是：产品价格、顾客预期价格和顾客可支付的价格。顾客的预期价格一般都会低于可支付的价格。当服装价格低于顾客的预期价格时，更容易成交；当服装价格高于顾客可支付的价格时，顾客再喜欢，基本上也不会购买。

当服装价格高于顾客的预期价格，但又在顾客的支付范围内，顾客就会在买与不买之间徘徊。通常这个时候顾客提出的价格异议是在向服装销售人员求助，顾客自己下不了决心，因此希望有个外部力量来说服自己。

在跟顾客交流时，要传达出以下信息。

传达信息

- 价格已经非常低了
- 衣服很适合顾客
- 衣服很畅销，需要抓住机会

顾客在了解到这些信息之后，才会尽快做出购买决定。服装销售人员可以通过以下三种方法来说服顾客。

情感套近法：站在顾客的角度上提出一些建议或善意的提醒，拉近同顾客之间的感情，建立起信任关系，让顾客先对服装销售人员产生认同，再接受推荐的服装

制造短缺法：当顾客始终做不出购买决定时，可以向顾客说明这款服装的销量很好，库存少，或许过几天就涨价或者缺货了，最好讲一个其他顾客因为犹豫错过购买的事例刺激顾客，这样顾客就会更有紧迫感

价格比较法：横向比较：将自己的服装与同行做比较，突出质和价的双重优势。纵向比较：将服装不同时间段的价格做比较，让顾客认识到现在的价格是最优惠的

YES ✓ 实战强化训练 1

服装销售人员：“先生，就像您说的，这款衣服的款式、面料都很不错。您看，同样的衣服，其他店要卖 400 多元呢，而我们这款就卖 299 元，真的是出厂价了。这件衣服穿您身上绝对显得帅气、俊朗，非常时尚，您这边试试吧!”

金牌技巧点拨

利用“价格比较法”将价格与其他店同类服装价格相比较，强调价格上的优势，然后渲染顾客穿上后的效果，吸引顾客试穿。

YES ✓ 实战强化训练 2

服装销售人员：“姐，我非常理解您现在的想法。以前，就算名牌店的衣服我很喜欢，但一看价格我就舍不得，宁愿去买便宜的，可便宜的穿一阵就不能穿了，我还得去买新的，这样一算还不如买名牌的，穿着质量有保证，显得还高档。您看我穿的这件就是我们店里去年的款式，今年穿还是新的。我是真觉得价格贵一点儿没关系，只要适合自己就行，您说呢？”

金牌技巧点拨

利用“情感套近法”先跟顾客站在同一立场上，以自己的经历刺激顾客，让顾客与我们产生共鸣。

YES ✓ 实战强化训练 3

服装销售人员：“美女，选衣服选适合自己的才是最重要的，衣服再便宜，穿在您身上不合适，您肯定也不会买的，对不对？所以啊，您先试试，看看效果好不好……（顾客试穿后）美女，这件衣服简直是为您量身定做的，不仅凸显了您的身材，而且显得您的肤色更加白皙了。这款衣服最近卖得非常火，就剩下这两件了，您要是明天再来的话，说不准就买不到了。我给您包起来吧？”

金牌技巧点拨

利用“制造短缺法”先不跟顾客提价格，而是邀请其试穿，并对其试穿效果表示肯定，同时强调这款服装很畅销，让其产生紧迫感。

53 情景演练 顾客说：“面料很普通啊，为什么这么贵”

NO ✗ 错误应对示例

1. “面料虽然普通，但我们的质量很好啊！”

高手指点 这句话虽然没什么错，但还不足以成为让顾客购买的理由，不够有说服力。

2. “这是我们请的国际知名设计师亲自设计的。”

高手指点 服装是谁设计的对顾客来说并不重要，顾客更希望销售人员能解决其提出的价格异议。

3. “一点儿都不普通啊，都是进口面料。”

高手指点 直接不留情面地反驳顾客，会让顾客感到很难堪，影响双方之后的交流。

WHY 一 深度情景解析

大多数顾客在选购服装时，经常会以服装面料的好坏来判断服装的价值，往往忽略了蕴含在服装背后的品牌价值、独特设计以及精良的制作工艺等因素，这也是很普遍的一种消费心理。

其实顾客对服装并不是非常了解，如果服装销售人员能提供给顾客一些有说服力的佐证资料或者事实，顾客很快就能放下原有的顾虑与担心。

同样是表达一种意思，但当服装销售人员用恰当的语言来表述时，往往会得到意料之外的绝妙效果。

寒暄

找一些顾客感兴趣或很熟悉的话题，如社会热点问题、时事、天气、顾客穿着品位、职业、喜好等，为销售过程活跃气氛。例如，“您的这条围巾真好看，是自己织的吗”“最近这几天真是太热了，您要看看裙子吗”

赞美恭维顾客

赞美和恭维永远是让顾客开心的语言，恰当的赞美与恭维能让顾客欣然购买。例如，“这款衣服一直很热销，很多顾客都试穿过，但都穿不出您这样的效果”“您真有眼光，我之前都不知道这款衬衣搭配红色领带会这么好看”

委婉的表达

将消极、负面的信息积极、正面地表达。例如，顾客的购买力不足，服装销售人员应推荐较低价位的服装，并可以这样说：“美女，其实衣服不是越贵越好，适合自己的才是最好的，您看我们这件款式也很新颖，价格要低一些，很多顾客都喜欢这一款呢，您看看怎么样……”

语言幽默、生动

幽默、生动的语言不仅能贴近顾客的生活，还能缓和顾客的情绪，让其在愉快的氛围中做出购买决定。例如，顾客询问是否打折，销售人员可以笑着说：“不给别人打折，也会给您打折的。”顾客问为什么就你们店里的衣服贵，销售人员可以打个比方：“就像酒店有星级之分，服装店也有高中档之分，您说呢？”

YES ✓ 实战强化训练 1

服装销售人员：“姐，其实很多顾客也问过我这个问题。如果只是普通的面料肯定不会这么贵，但这款衣服用的是优质涤棉，非常柔软、舒适，而且穿起来很有型，打理起来也很方便。我们不光面料用的是优质的，填充棉用得也很讲究。这里边填的是优质软绵，蓬松度高，透气性强，机洗不会变形。我说这么多都不如您试穿一下，您试一下就知道这件衣服有哪里不一样了。”

金牌技巧点拨

当顾客对服装的认识并不全面时，服装销售人员要向顾客委婉说明服装的特点和优势，让顾客有一个全面的认识，觉得衣服是值这个价钱的，然后积极邀请顾客试穿。

YES ✓ 实战强化训练 2

服装销售人员：“先生，看来您很了解服装行业啊！您说得对，这确实是普通的面料。但您想，同样的食材，可以做出满汉全席，也可以做出家常小炒，衣服也是一样，同样的面料，不同的设计和制作工艺，做出来的衣服也是有差别的。您看这套休闲装，手感非常好，而且不会起皱，排汗透气性能也很不错。但我说得再多，您可能也不太信，不如您自己穿上试试看吧，您这边请。”

金牌技巧点拨

适当地恭维顾客，然后以类比的方式让顾客对服装认可，并重点介绍服装特色，最后邀请顾客试穿体验。

54 情景演练 顾客说："买四件都不打折啊，那不买了"

NO ✕ 错误应对示例

1. "不要就算了。"

高手指点 作为一个服装销售人员，对待顾客的服务态度恶劣，很容易引起顾客不满。

2. "其他顾客也没打折。"

高手指点 这样的话不能有效说服顾客放弃打折的要求，而且容易遭到顾客的反驳，起不到任何效果。

3. "我们门口都贴了'不讲价'的。"

高手指点 解释得没什么水准，没有告知不给顾客优惠的原因，顾客也许不会再要求服装销售人员打折，但很有可能会直接放弃购买。

WHY 一 深度情景解析

顾客如果只是买一件衣服，那么有没有折扣他们其实并没有多在乎，毕竟所有顾客都是平等的。但顾客买的件数多了，如果还是不打折，顾客心理上自然会有些不平衡，放弃购买也不是不能理解。

其实，围绕价格的谈判也是服装销售人员和顾客之间的博弈。当服装销售人员表示不能打折时，顾客马上就要离开，这就说明已经引起了顾客的不平衡感，表明这时的价格已经不是顾客愿意接受的价格了。这时，服装销售人员就要做出一些适当的让步，千万不能让顾客直接离开。

在应对顾客要求打折时，服装销售人员可以采用以下两个技巧。

假装请示领导

在顾客要求打折时，如果顾客的要求总是遭到销售人员的拒绝，顾客很可能就此放弃。这个时候，如果服装销售人员急于挽留顾客，又会让服装销售人员的前后言行不一，顾客对价格会更加怀疑。所以，此时的解决方式就是假装请示领导，让顾客等待一段时间，让他们知道你在努力争取一个对其有利的价格，这会让顾客很受用

和同事唱红白脸

如果顾客对砍价很执着，服装销售人员可以请同事配合，一个唱白脸，就是不打折；一个唱红脸，帮顾客说情，全力争取优惠的价格。这样做会让顾客觉得价格确实已经很低了，还会对唱红脸的销售人员争取来的让步更加珍惜，从而乐意接受这个方案

YES √ 实战强化训练 1

服装销售人员：“美女，您稍等一下，能看得出来您很喜欢这几件衣服，我也很想帮您，但我没有这个权力。您先坐一下，我去请示一下店长，好吗？”

（顾客同意后，拜托同事帮忙招待顾客，然后离开）

“美女，我们店长说现在的衣服已经是最低价销售的，再打折就赔本了。我们从来不打折的，但您一下买了四件，这也是信任我们店，就算不挣您的钱也要交您这个朋友。您这四件衣服一共 546 元，我们就收您 500 元，您看行吗？”

金牌技巧点拨

如果打折必须要请示店长，那就与店长商量；如果微小的让步可以自己做决定，也要让顾客感受到让价的来之不易。在让价时，要强调这样的打折从未有过，这样顾客才会更加感到开心。

YES √ 实战强化训练 2

服装销售人员：“姐，您先别生气，不是我不给您打折，您刚才也看到了，那位美女买了两件我们也没打折，真是最低价了。您也知道现在服装行业竞争激烈，一件衣服真挣不了多少钱。您一下子买了 4 件，说明对我们的服装很满

意。这样吧，我给您打个八五折，交您这样一个朋友也是值得的。但您不要跟别人说，不然我们的生意真不好做，好吗？”

金牌技巧点拨

首先消除顾客的不愉快，再说明其他顾客都没有打折，随后给顾客一个折扣，会让其感到很开心，最后的一句话也会让顾客觉得捡了个便宜。

YES √ 实战强化训练 3

服装销售人员：“美女，您稍等一下，这几件衣服挺适合您的，看您是真想买，我也很想帮您，但价格上我真的做不了决定。我请我们店长过来跟您说说，好吗？”

（顾客同意）

店长：“美女，您好，我是这里的店长，真的非常抱歉，我们店里的衣服确实是成本价。”

服装销售人员：“可这位美女真的很喜欢这几款衣服，一挑就是四件，是真心想买的。”

店长：“那要不这样吧，我们送您一款精致的手袋吧？”

服装销售人员：“美女，这个手袋很不错的，既简约又大方，我们单卖要 68 元呢！您平时出去逛街提着很合适的，您看看喜欢吗？”

金牌技巧点拨

和同事相互配合，让顾客可以感受到我们为了争取优惠真的做出了努力，最后提出赠品方案，顾客会更容易接受。

55 情景演练 顾客说：“你要再便宜 30 块，我就买了”

NO × 错误应对示例

1. “给您的已经是最低价了。”

高手指点 不给顾客留一点儿余地，顾客的购买热情就如同被泼了一盆冷水，让有机会成交的订单就这样失去了。

2. “我这衣服一共就 70 元，你一砍价就是 30 元，那我还做什么生意啊？”

高手指点 用这种语气跟顾客说话，顾客肯定是不会购买的，还会对我们的服务水平很失望。

WHY 深度情景解析

提出价格异议的顾客往往可以分为以下三种类型。

（1）顾客完全是由于自己的购物习惯，一买东西就习惯砍价。

（2）想试探销售人员的价格底线。

（3）想单纯压价，以较低的价格买到服装。

大部分顾客在乎的不是销售员给他们降了多少价，而是为了寻求一种心理平衡，或者是为了获得购物的愉悦感。他们希望能够碰到服装销售人员的价格底线，价格砍得越多越有成就感。要想让顾客停止砍价，服装销售人员就要巧妙应对。当销售人员对顾客的砍价表现得很不情愿、很无奈时，并且这些情绪越真实、越强烈，顾客就越有成就感。

在处理顾客的价格异议时，要注意不能拿公司或领导当挡箭牌，例如，“我想给您降价，但公司不允许”“这是公司规定，我也没办法”等。如果服装销售人员觉得公司的规定不合理，应及时提出合适的建议，一旦规定实施，就不应该在顾客面前将责任推给公司，获得顾客的同情。

YES 实战强化训练 1

服装销售人员：“姐，我一看您这身打扮，就觉得您很有品位。所以，您肯定不是在乎这几十块钱，而是想知道我们的价格是不是有水分，对不对？其实选衣服，质量与穿着效果才是最重要的，您看这衣服穿在您身上，不仅合身，而且有一种成熟女性的魅力，您先生看到后肯定会很喜欢的。”

金牌技巧点拨

首先肯定顾客的穿衣品位，巧妙避开了顾客提出的价格问题，然后将话题转移到试穿效果上，适当地称赞顾客，让其产生购买冲动。

YES √ 实战强化训练 2

服装销售人员：“姐，要是便宜 30 元，我们可真就赔本了。一看您就是个实在人，我也不跟您说假话，我们是连锁专卖店，价格都是全国统一的，这真是最低价了。您看这衣服穿在您身上真是完美，显得优雅大方，气质不凡，我给您开单吧？”

（顾客仍然要求降价）

“姐，价格真是统一的，这我真没骗您，但看您穿这款衣服这么合适，这样吧，我送您一条围巾，市场上都卖 40 元的，搭配您的这套衣服显得更加好看了，您戴上看看效果……”

金牌技巧点拨

服装销售人员巧妙的应对，让顾客感觉确实已经是最低价了。如果顾客仍然坚持砍价，可以用一些赠品带给顾客一种心理上的平衡。

56 情景演练 顾客很满意，但问了问价格就不想要了

NO × 错误应对示例

1. “您回来，价格还可以商量。”

高手指点 这等于在暗示顾客还有很大的降价空间，顾客很有可能会大幅度地砍价。

2. “那您多少钱才会买呢？”

高手指点 服装销售人员自己先挑起了价格争端，很容易让自己处于被动，在讨价还价斗争中居于劣势。

3. “这款非常适合您啊，穿着多好看啊！”

高手指点 服装销售人员没有顾及顾客的真实想法，只是在自卖自夸，难以达成销售。

WHY 一 深度情景解析

顾客对试穿过的服装不买，可能是因为服装的价格是他们不能接受的，但顾客既然已经试穿了服装，对服装有了一个大概的认识，因此在这种情况下更容易消除顾客对价格的疑惑。

顾客对服装很满意，服装销售人员就可以把介绍重点放在服装的价值上，淡化价格的距离感，让顾客能感受到服装给他们带来的利益，让他们能感受到物有所值或者物超所值。

对于顾客提出的异议，不论是关于服装价格的，还是服装品质的，服装销售人员都可以用“同理心+FABE法+行动号召”模式来应对，将话题转向对销售有利的方向。

“同理心+FABE法+行动号召”模式的具体内容如下。

同理心	同理心是指在跟顾客沟通时站在顾客的角度上考虑顾客的想法，维护顾客的立场，与顾客在某个问题上达成共识。表达同理心一方面可以吸引顾客的注意力，另一方面可以赢得顾客的信任
FABE法	特点（Feature）：它是什么——产品或服务的特征 优点（Advantage）：它能做什么——特性有什么用处 利益（Benefit）：它能给顾客带来什么利益——产品如何满足顾客需求 证据（Evidence）：证实产品的特点、优点和利益是的确存在的
行动号召	利用产品与服务的特色、优点与利益，在激起顾客的兴趣与欲望后，邀请顾客试穿体验或者试探发出成交的信号

例如，当顾客说“这裙子也太贵了”，服装销售人员就可以套用上面的模式应对。

（同理心）“我明白您的想法，这款裙子确实比其他店要贵一些。”

（特点）“您看，我们这件裙子是两件套，外面是全棉的针织薄衫，里面是雪纺的连衣裙。”

（优点）“它穿起来非常柔软舒适，又不起皱缩水，还非常凉快。”

（利益）“夏天的时候，您可以只穿里面的裙子，等天气转凉，就可以把针织薄衫套上保暖，这样可以穿两季。这件衣服不管是上班还是休闲场合都是不错的穿搭呢。您花一件衣服的钱就能买到两件这么好的衣服。”

（证据）“您刚才也看到了，在您前面的那位美女一下子就买了两件。”

（行动号召）“您的身材看起来比那位美女更好，这件裙子您穿起来也更漂亮！这衣服您是直接穿走呢，还是我给您包起来呢？”

YES √ 实战强化训练 1

服装销售人员：“美女，跟您说实话，我第一天看到这衣服的价签时也吃了好大一惊，但在看了衣服质量后就不这么想了。这件羽绒服贵就贵在羽绒，羽绒用的是95%的高鹅抗菌绒，保暖性能好，而且还能除菌，更健康。这件羽绒服只要好好保养，能穿三四年，平均每年不到 200 元。如果买一件便宜的，价格只要一两百元，但质量没保证，每年都得重新买，这样算还是买一件质量好的多穿几年比较合适，您说呢？我们是国内知名品牌，您穿着这衣服，人家一看就知道您是个有品位的人，您说对吗？”

金牌技巧点拨

将价格从总价分摊到每一年或每一天的价格，让顾客的关注度从总价格转移到每一年或每一天的平均价格上，从而更容易接受服装定价。

YES √ 实战强化训练 2

服装销售人员：“先生，您是不是觉得我们这件衣服价格太高了？其实很多顾客第一眼看到价签都很吃惊呢，但只要试穿过都觉得挺值的。（稍微停顿，吸引顾客的注意力）这款大衣选用的是羊毛呢，羊毛呢几乎是每款高档大衣必备的面料，它的特点是保暖、气派，很适合追求品位的男士穿着。您看您穿上这件大衣，显得大气、稳重，一看就是成功的社会精英。您知道××公司吧，他们董事长的太太就经常来这里为她老公选衣服，这款羊毛呢大衣一下就买了两件，她说她丈夫穿起来显得更有精神。我觉得您年轻，穿起来不仅显得您更有气质，还特别时尚。您看您是穿着走呢，还是我给您包起来呢？”

金牌技巧点拨

首先借其他顾客的想法表达自己的同理心，与顾客站在同一角度上，赢得顾客的信任，然后以 FABE 法介绍服装，最后邀请顾客成交。

YES √ 实战强化训练 3

服装销售人员：“美女，我看您穿这种款式的衣服效果确实很不错。显得时尚有气质，特别大气。我们还有几款样式跟这件很相似，价格要偏低一些，很多顾客都很喜欢，您看看……”

金牌技巧点拨

先称赞顾客穿着的效果，然后推出能展现同等效果的服装，顾客会再次提起兴趣，同时说一句很多顾客都喜欢，也不会让顾客因为买不起贵的那款而觉得难堪。

57 情景演练 顾客说：“衣服都一样，但那边儿便宜多了”

NO × 错误应对示例

1. “他们是仿照我们做的。”

高手指点 这样直接诋毁竞争对手，会给顾客留下不好的印象，而且也并不能把服装卖出去。

2. “是吗？在哪里啊？”

高手指点 不要对顾客的话刨根问底，这样会让顾客很尴尬，对销售也没有任何好处。

3. “不可能啊，只有我们品牌有这个款式。”

高手指点 明摆着在说顾客试图打压价格，不给顾客留颜面，顾客自然也不会给你挣钱的机会。

WHY 一 深度情景解析

顾客砍价的方法有很多种，常见的主要有以下几种。

1 **见面就砍价**

一听到报价就习惯性砍价，例如，“能便宜点儿不”“便宜 50 元卖不”“抹掉零头，200 元，行吗”等

2 **竞品压制法**

横向对比和竞争对手的价格，给服装销售人员施加压力，例如，“那边店的款式和你这个差不多，价钱可便宜多了”“你们分店要便宜几十块呢”等

3 **障碍法**

强调客观问题或困难，为成交设置障碍，例如，“我是打工的，就带这么点儿钱，便宜点儿吧”“我卡上就剩 300 元了，便宜 45 元卖我吧”等

4 **挑剔法**

鸡蛋里挑骨头，不断指出服装缺陷，以此压低价格，例如，“这衣服料子不怎么样，便宜点儿”“我不怎么喜欢这个颜色，100 元，卖不卖”等

这类顾客会利用各种原因迫使我们同意降价，虽然说“买的没有卖的精”，但顾客有时候比服装销售人员更有耐心和定力，毕竟同类服装和店铺太多了，顾客可选择的范围很大，到最后沉不住气的往往是服装销售人员。如果服装销售人员能够平稳情绪，然后分析顾客心理，将自己的服装与竞争对手之间的差异找出来，说服顾客并不困难。

如果顾客提出的价格异议是不合理的，例如，顾客说“对面有一款一样的，而且比你们家要便宜”，而你了解到对面店铺根本没有这种款式；顾客说“你们那家分店价格便宜几十块呢”，而你知道公司价格都是统一的；顾客说“我已经是老顾客了，衣服都在你们家买”，而你知道这是新顾客……当遇到这些情况时，服装销售人员不要直接拆穿顾客，这样不仅会让顾客尴尬，也会让自己失去成交的可能性，只需要自己做到心中有数就可以了。

YES √ 实战强化训练 1

服装销售人员：“姐，真是谢谢您给我们的提醒，一看您就是持家好手，即使是同样的材料和调料，不同的人做出的菜，就算看起来一样，吃起来也是有差别的，您说对不对？（稍微停顿一下，等待顾客反应）衣服也是一样，同样的料子和款式，做工还是有差异的。您看这件衣服穿在您身上，多好看，显得您多有气质啊！”

金牌技巧点拨

用顾客熟悉的事物来做类比说明，以此强调即使看起来一样的衣服也会有所差异，并将顾客的注意力转移到穿着效果上。

YES √ 实战强化训练 2

服装销售人员：“您说得对，我们自从推出这款衣服后，非常受年轻人的欢迎，市面上很快就有了仿制的款式。虽然看起来一样，但仔细看还是有区别的，您看我们这件衣服的做工，非常精细，还加了精美的包边，细节是最能说明质量的。差这几十块钱对您来说肯定不是问题，选衣服还是要选质量好的，您说呢？”

金牌技巧点拨

服装销售人员没有直接攻击竞争对手，而是向顾客说明正品与仿制品之间的差别，同时摆出事实，增强说服力。

58 情景演练 顾客一听价格，转身就要走

NO × 错误应对示例

1.（小声说）“既然不买，问什么问。”

高手指点

在接待顾客的过程中，不要背着顾客说话或者轻声嘀咕，这种行为很让顾客反感。

2. “羊毛的，当然是这个价了。”

高手指点

一点儿都不尊重顾客，顾客会觉得受到了轻视，再也不来了。

3. 任由顾客离开，不做任何挽留。

高手指点 不做任何努力和尝试，就任由顾客离开店铺，这不是一个优秀的服装销售人员该有的态度。

WHY 深度情景解析

顾客对服装比较感兴趣，但对价格很敏感，一方面，可能是因为价格超出了顾客的预期，顾客不明白为什么这款衣服这么贵；另一方面，可能是因为服装价格超出了顾客的支付能力。如果顾客因为价格不满意而离开，服装销售人员的销售机会就没有了。因此，一定要想办法留住顾客，然后摸清楚顾客心里能接受的价格，以便推荐合适的服装。

服装销售人员也要注意报价时机，最好避免顾客对服装价值不了解的情况下就报价，至少在介绍了服装的核心卖点后再报价。当顾客问及价格时，可以采用忽视法或者拖延法，巧妙地跳过问价环节，把话题转向服装介绍。

忽视法

不回答顾客的提问，而是向顾客介绍服装的特点，让顾客了解服装。忽视并不是对顾客的要求视若无睹，相反，要面带微笑，对顾客除价格之外的其他要求、动作、表情表现出高度的配合和重视。例如，当顾客指着一款服装问价格时，服装销售人员可以取下衣服，先让顾客体验一下。

拖延法

暂时不回答顾客的问题，用其他话题转移顾客的注意力。例如，可以这样说：“美女，价格容我跟您卖个关子，您先看看这衣服喜不喜欢……”

YES 实战强化训练 1

服装销售人员：“先生，我猜您心里一定在想：这衣服又不是金子做的，怎么卖这么贵呢，对不对？”

金牌技巧点拨

以“我猜”的形式来说出顾客可能的心理活动，如果正好被服装销售人员说中了，顾客也会很乐意了解价格贵的原因，即使猜错了，他们一般也会有所回应。

YES ✓ 实战强化训练 2

服装销售人员：“女士，很多顾客看到这款衣服，都不明白为什么价格会这么贵，您听我说完价格是不是也觉得有点儿不可思议呢？”

金牌技巧点拨

以其他顾客不明白服装这么贵的态度作为铺垫，然后询问顾客的感受，这样不会让顾客觉得尴尬，也容易了解到顾客的真实想法，并能顺利进入服装介绍环节。

YES ✓ 实战强化训练 3

服装销售人员：“美女，您等一下。如果不谈价格，您觉得这款衣服怎么样呢？”

顾客：“还可以，看着不错。”

服装销售人员：“是啊，这款衣服的独特之处就在于……”（介绍服装的卖点，顾客如果有点头、目光交流、附和等反应，那就可以邀请顾客试穿；顾客如果毫无反应或者表示价格太贵承受不了，就要推荐价格较低的服装）

服装销售人员：“美女，我们还有几款衣服跟这款样式很相似，价格要稍微低一些，您看看这几款……”

金牌技巧点拨

首先要做的是把顾客留下来，然后介绍服装的独特卖点，让顾客了解服装贵的理由。如果实在超过了顾客的预算，可以介绍其他价位的服装。

59 情景演练 顾客说："我都来好几次了，便宜点儿吧"

NO ✕ 错误应对示例

1. "要是能便宜，肯定早就给您便宜了。"

高手指点 销售人员说话不含蓄，这句话隐含着爱买不买，不买拉倒的意思，顾客有可能会生气。

2. "您是真心买，我们也是真心要卖的，但价格真是最低了。"

高手指点 不给顾客留一点儿颜面，完全没有回旋的余地，顾客会觉得服装销售人员太不通人情了。

3. "您还是回来了，我就跟您说这件衣服价格是最低的了。"

高手指点 有种讥讽和调侃的意味，顾客本来想勉强接受价格进行购买，这样一来反而会让顾客的心情更差。

WHY — 深度情景解析

顾客对一件服装越满意，在砍价时的力度就越大。顾客既然能为了一件衣服来好几趟，说明他们的心理活动还是很复杂的。一方面，来了好几次，但衣服都没降价，说明价格没有回旋的余地，顾客会比较安心；另一方面，衣服的价格可能确实超过了顾客的预算，这时就需要服装销售人员再次强调服装的价值，或者在价格上做出一些小的让步，或者赠予一些小礼品，让顾客心里觉得能够接受。

但要注意的是，这类顾客已经来店多次，难免会有些不好意思，服装销售人员要以平时对待顾客的热情来缓解顾客的心理压力，让他们能在一种轻松的氛围中体验服装。

YES ✓ 实战强化训练 1

服装销售人员："姐，我记得您，您好几次来我们店我都想好好跟您聊聊，可您每次都挺着急的。您每回过来看的都是这款衣服，但您都没有试穿过，衣服得穿上才知道好不好，不如您先试试看吧。"

金牌技巧点拨

首先通过与顾客热情的寒暄让顾客的情绪放松下来，然后避开谈论价格，将话题转移到邀请顾客试穿上，让其对服装有更深的了解。

实战强化训练 2

服装销售人员：“是啊，美女，让您这一趟趟地跑，真是不好意思。您也看到了，这么长时间了，我们这款衣服也没有降价。说真的，我们这段时间正在做促销，如果能降价肯定打折卖给您了，这确实是最低价了，就是因为这个价格合适，所以很多顾客只要穿上觉得合适就都买下了。您看，我们现在就剩两件了。这衣服到底值不值这个价，您试穿一下就知道了，试衣间在这边。”

金牌技巧点拨

抓住衣服的价格很实在这一点让顾客感受到物有所值，确实没有降价空间了，然后表明库存紧张，让顾客产生紧迫感。

实战强化训练 3

服装销售人员：“姐，前天您试的这件衣服真的很合适，您走之后，也有一位顾客试穿了，可就是穿不出您这样的效果。看您也是真的喜欢这件衣服，我也想给这件衣服找个合适的主人，可价格真是最低了。要不这样吧，虽然价格上不能低了，但您来了这么多次，咱们也算朋友了，我送您一条腰带吧，搭配您这件衣服再合适不过，您看怎么样？”

金牌技巧点拨

适当地恭维与赞美顾客，让顾客获得心理上的满足感，再跟顾客说明不能降价的理由，顾客就容易接受了，通过赠品给顾客一些心理安慰，顾客会觉得已经达到了砍价的目的。

60 情景演练 顾客很喜欢这件服装，但还是不停地讲价

NO ✕ 错误应对示例

1. “这价格已经最低了。”

高手指点 拒绝得太过直接了，会让顾客觉得我们一点儿都不讲情面。

2. “价格真是最低了，赠品可以给您一个。”

高手指点 进入价格谈判阶段，最好不要过早地亮出自己的底牌，否则会让自己处于被动地位。

3. “您喜欢就买了吧，又不贵。”

高手指点 有种在说顾客斤斤计较的意思，这么低的价格还要讲价，很容易让顾客觉得我们看不起对方。

WHY 深度情景解析

当顾客越表现出对一件衣服的喜欢时，他们手里的谈判筹码就越少，也更容易成交。当这款服装对顾客来说可有可无、可买可不买的时候，销售人员为了成交就不得不做出大的让步。

对于顾客喜欢这件服装，但对价格不满意的时候，服装销售人员要重点强调服装的价值，并赞美顾客的试穿效果。如果顾客仍然坚持要求降价，或者要放弃购买时，服装销售人员也要适当做出让步，但要注意此时的让步也要以再三坚持不降价为前提。

如果实在无法降价，可以准备一些与店内服装巧妙搭配、相得益彰的赠品，但介绍赠品也要像介绍服装一样，结合顾客的实际情况，突出这些赠品的价值以及给顾客带来的利益。顾客只有觉得赠品物有所值的时候，才会停止讨价还价，心满意足地接受。

例如，顾客看中一款羊绒大衣，几次要求降价 100 元都被委婉拒绝，顾客很失落。最后，服装销售人员决定赠送顾客一条围巾给顾客。

一位销售人员说："羊绒大衣的价格真不能再低了，我们送您一条围巾吧。这围巾是棉麻的，材质好，也很百搭，价格差不多是 88 元。"

另一位销售人员说："这羊绒大衣确实最低价了，我们聊了这么久也很熟悉了。这样吧，我赠送您一条围巾，这是刚从公司发来的。您看，零售价都在这标着呢，88 元，一共就 15 条，采用的是××的材料和××的设计，这围巾搭配您这羊绒大衣再合适不过了。来，您试一下，看看效果。"

同样的赠品，不同的表达方法，顾客会更乐意购买哪位销售人员的售卖的衣服呢？

YES √ 实战强化训练 1

服装销售人员："美女，说真的，这款衣服一直都非常受欢迎，我见很多顾客都试穿过，但没有人像您穿得效果这么好的，不仅凸显了您的好身材，还显得您的肤色更加白皙。买衣服，最重要的是适合自己，只要穿着好看，不管走到哪里都是受人关注的，只要能让您变得更加美丽，就算多花几十元钱也很值，您说对吗？"

金牌技巧点拨

首先跟顾客说明这款服装的热销性，然后抓住顾客很喜欢衣服这一点，顺势称赞顾客试穿的效果，让其对服装更加满意。

YES √ 实战强化训练 2

服装销售人员："先生，我们也聊了这么久了，也算是朋友了，如果能给您降价，我肯定会降的，但这确实最低价了。我们这款衬衫不仅柔软舒适，而且穿上后很有型，最能体现出您的风度与品位了。您看您穿上多精神、多帅啊！这一款正是因为价格优惠，而且质量又好，所以每天都会卖出几套，现在我们店也就只剩下 4 套了，您看您是要穿的这套呢，还是我再给您拿一套新的？"

金牌技巧点拨

通过与顾客套近乎的方式拉近与顾客的感情，然后把重点放在介绍服装优势及试穿效果上，然后以服装库存少来刺激顾客做出购买决定。

YES ✓ 实战强化训练 3

服装销售人员：“美女，能看出来您真的很喜欢这件衣服，您穿着这么合适，又漂亮，让我也从心里面为您高兴。但这个价格确实是成本价了，要不这样吧，我觉得您这件衣服搭配上一条丝巾会更好看，我送您一条丝巾吧，这是我们特地从杭州进的，单卖也要49元呢！来，您戴上试试，肯定会更好看的。”

金牌技巧点拨

先称赞顾客试穿的效果，让顾客放松下来，然后说明价格的合理性，避免顾客一直讲价。在顾客表示出失望时，可以赠送小礼品来安慰顾客，促使其购买。

61 情景演练 顾客说：“老顾客了，不能便宜点儿吗”

NO ✕ 错误应对示例

1. “老顾客都知道我们店的新品从来不打折的。”

高手指点 顾客会感觉到尴尬，来店里买过几次衣服，却依然得不到什么特别的对待，会对服装店感到很失望。

2. “非常抱歉，我们对新老顾客都是一个价的。”

高手指点 这会让老顾客觉得自己并没有受到任何重视，会伤及老顾客的颜面，让其感到失望。

3. “我们会送您800积分的。”

高手指点 顾客想要的是价格上的优惠，积分对顾客来说并不是没有很强的吸引力。

WHY — 深度情景解析

老顾客是一家店铺非常宝贵的资源，顾客购买服装往往是凭感觉消费的，他们一旦认可了我们的服装风格，就很可能在我们店铺多次购买。而大家都希望自己能得到别人的尊重和重视，老顾客因为对店铺的贡献很大，所以希望得到不一样的待遇也在情理之中。

因此，在对待老顾客时，要像对待老朋友一样热情、亲切，让老顾客能感受到他们是店铺很重要的客人，给其一种心理上的优越感。

如果老顾客并不满足于这种感觉，仍然要求在价格上获取实质利益，服装销售人员可以适当给予一些优惠。

当然，不能排除有新顾客冒充老顾客要求优惠的情况发生。当遇到这种情况时，服装销售人员不妨就把顾客当成老顾客一样对待，顾客在感受到我们的优质服务后买下服装，以后自然就成了老顾客。

YES √ 实战强化训练 1

服装销售人员：“王女士，您是老顾客，我跟您说实话，这价格确实是成本价了。您看同样的面料和做工，那边的店都卖 300 多元，我们就只卖 200 元，真的是不挣钱。但是，老顾客我们也不能不照顾，要不这样吧，我看您穿这款连衣裙很漂亮，要是加上一条腰带就更好看了，我送您一条腰带吧，既简约又百搭，特别配您这外套，我们单卖还要 50 多元呢！来，您看看搭配效果……”

金牌技巧点拨

通过价格的横向对比来证明价格确实很实惠，这样的解释顾客更容易相信，然后与顾客套近乎，并提出送赠品，让顾客乐意接受这个价格。

YES √ 实战强化训练 2

服装销售人员：“瞧您说的，王姐，您是老顾客，怎么能不照顾呢！您刚刚在试衣服的时候，我们店长就嘱咐过我，说您是我们这里的老顾客了，大家也都是老朋友了，只要您有喜欢的衣服，要我一定按最低价给您。这一款卖给别的顾客是 398 元，您要是买，我就直接给您报成本价 350 元，合适我给您包起来吧。”

金牌技巧点拨

一开始就以对待老朋友的亲切态度来对待顾客，并搬出上级的“特别指示”，让顾客感受到优越感，再说出与新顾客不一样的价格，强调给对方的是成本价，让顾客能欣然接受，不再讨价还价了，最后自然地提出成交请求。

62 情景演练 顾客说：“款式差不多，怎么比那家店贵”

NO ✕ 错误应对示例

1. “我们的衣服质量肯定更好。”

高手指点 没有横向比较的推荐或者没有介绍衣服质量好在哪里，对顾客来说没有意义，听起来倒像是自卖自夸。

2. “有吗？不一样吧！”

高手指点 这样的回答会显得很不专业，连周边服装店的情况都不了解，更别说整个服装市场了。

WHY 一 深度情景解析

顾客既然记住了款式和价格，还进行了对比，说明顾客即使没有马上购买的想法，但肯定是有兴趣的，有兴趣就有可能购买。当顾客对服装的价格提出异议时，服装销售人员要把顾客看中的衣服和周边服装店的同款衣服比较，向顾客解释价格究竟贵在哪里，并让顾客参与到服装体验中，使顾客对服装有一个深入的了解，刺激顾客的购买欲望。

要想把自己的服装与竞争对手的衣服区别开，就必须强调出服装的个性化，让顾客感受到这款服装是独特的，独特性就是卖点。服装销售人员可以从以下几个方面来提炼服装卖点。

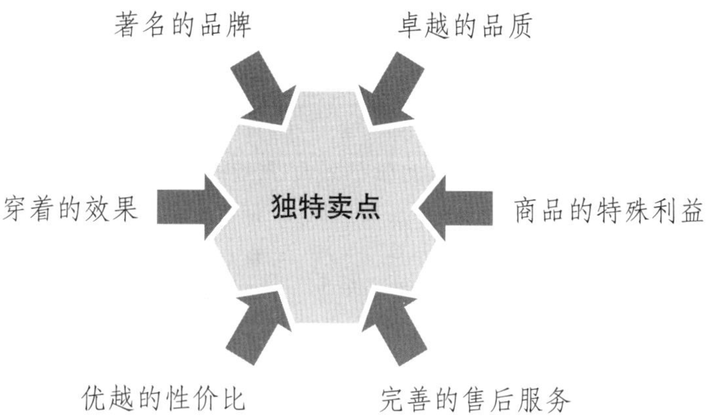

实战强化训练 1

服装销售人员：“您说得没错，这种款式确实都差不多，但面料是不一样的。您看的那种是涤纶的，我们这款是纯棉的，所以价格上就有所区别了。如果您自己穿，那涤纶的材质也不错，弹性好也耐穿。但是您给小孩挑衣服，还是建议您选择纯棉的，因为涤纶吸湿性不太好，穿着闷热，而且容易起静电，孩子穿上会不舒服。纯棉的舒适、透气，还能保护孩子柔嫩的皮肤。您可以看一下这面料。”

金牌技巧点拨

首先对顾客的说法表示理解，然后向其说明服装之间的差异，站在顾客的角度帮顾客分析并提出建议，这样得出来的结论更容易让顾客信服和接受。

实战强化训练 2

服装销售人员：“美女，其实很多顾客最开始的时候都和您有一样的想法，以为我们卖的是同款呢！您再仔细看看，能看出哪里不一样吗？（顾客摇头）您看，其他店的衣服图案是印上去的，而我们这都是手工刺绣的图案，看起来好像差不多，但档次肯定不一样，价格自然有差别。这刺绣图案非常精致、大方，您长得又这么清秀，穿上之后一定显得青春有活力。您可以穿上试试，您这边请……”

金牌技巧点拨

首先认同顾客的想法，然后跟顾客指出服装的独特性，并结合顾客的气质来描述顾客穿上后的效果，让其产生试穿的强烈欲望。

YES ✓ 实战强化训练 3

服装销售人员：“女士，上午也有个顾客和您一样，从其他店过来的，然后看了看，又去那家店，最后还是回来买了我们这款衣服。我也觉得奇怪，我们这两家的款式差不多，而那家店的价格还要更低一些，她为什么选择了我们呢？我就问她原因，结果她说，那家店的衣服线头处理得不太好，很多都没剪，而我们的衣服就没出现这种情况，而且扣子也都是加固过的。她说，多花几十块钱选件质量好的更放心。女士，虽然我们的衣服要比其他店要贵几十块钱，但肯定是保证质量的，您可以先试试。”

金牌技巧点拨

利用一些真实的顾客购买案例来说明两家服装的差别，既没有恶意攻击竞争对手，又很容易获得顾客的信任。

63 情景演练 顾客说：“我不要赠品和积分，打折吧”

NO ✕ 错误应对示例

1. “赠品和积分都是送给您的，不要白不要。”

高手指点 根本没有抓住顾客话语中的重点，顾客想要的是降价，而不是赠品和积分。

2. “我们店里没有这个规定。”

高手指点 回答得过于直接、绝对了，会让顾客觉得我们很不通情理，一点儿都不肯让步。

3. “价格已经最低了，赠品和积分您不想要可以不要。”

高手指点 态度生硬、无礼，顾客会彻底放弃购买，让本来有机会成交的一笔交易最终泡汤。

WHY 一 深度情景解析

大部分的服装店都会有会员卡或积分制度，但这个行业的促销活动又很频繁，赠品与积分的形式已经不足以吸引顾客，他们更倾向于实际的打折或者降价。对于顾客的一些不合理要求，服装销售人员要委婉、巧妙地拒绝，并适时转移顾客的注意力。

顾客一直要求打折，是因为服装销售人员没有把服装价值全部展示出来。顾客对赠品不屑一顾，同样是因为没有将赠品与顾客的利益联系起来。因此，在跟顾客提及赠品时，一定要挖掘赠品对顾客的价值，建议店内的赠品不要贴赠品标签，而是标上零售价，这样顾客看到赠品价格后，会更愿意接受。

YES √ 实战强化训练 1

服装销售人员：“女士，说实话，我们这个赠品比打折合算多了。这件羽绒服已经是最低价了，就算给您打九折，也不过省一二十块钱，可我们送的这瓶洗涤剂单卖要 40 多元呢，它是专门用来洗羽绒服的，使用起来很方便，只需要在有污渍的地方轻轻喷一下，然后擦干就可以了。您看，赠品要比打折划算，您说是不是？”

金牌技巧点拨

顾客要求直接打折，而不接受赠品或积分，是因为还没有意识到它们的价值，如果服装销售人员能让顾客明白赠品的价值要大于打折的价值，顾客也会很乐意接受赠品或积分。

YES √ 实战强化训练 2

服装销售人员：“姐，一看您就是实在人，那我也跟您说句实话，这价格确实最低了，您刚刚也看到了，在您之前进来的顾客都是以这个价格买的。我是觉得您一直在砍价，肯定是真的喜欢这件衣服，虽然价格上我没办法给您降了，但我可以送您一点儿东西。这个手提包算我的一份心意，您看我们单卖价格还要 40 多元呢，其他顾客我都没送。来，您拿上试试。”

金牌技巧点拨

利用情感套近法向顾客表明价格已经没办法再降了，但赠品是为了答谢顾客，这样一说，顾客也就不好意思再要求打折了。

64 情景演练 顾客说："我也干过服装，这衣服就值100块"

NO ✗ 错误应对示例

1. "是这样吗？那我去问问我们店长。"

高手指点 服装销售人员要对自己销售的服装充满信心，不要被顾客吓住，而且这句话等于自动放弃了谈价的主动权。

2. "我们这衣服哪里只值100元啊！"

高手指点 直接反驳顾客，很容易引起争执，最后导致不欢而散，对促进销售起不到任何作用。

3. "衣服虽然值100元没错，但我们还有店铺租金、给店员的工资，还有其他成本啊！"

高手指点 如果直接承认了顾客的出价，就很难再将成交价提到100元以上了。

WHY 一 深度情景解析

都说"外行看热闹，内行看门道"，有一些懂内行的顾客可能会提出一些非常专业的问题，如果服装销售人员准备不充分，很可能不知道怎么回答。当内行顾客对价格提出异议时，不妨大方地认同顾客的一些专业性的观点，并以请教的态度让顾客多说话，从中发现一些问题和机会，然后介绍顾客不熟悉的服装优势或特色。即使顾客整个过程没有出错也没关系，因为顾客在展示过自己的专业之后，就会获得心理上的满足，也会对谦虚求教的服装销售人员产生好感，这时再向其推荐服装会容易很多。

当顾客提出一些棘手或者不明确的问题，服装销售人员又一时想不到合适的对策时，可以采用“太极法”，将问题抛回给顾客，然后倾听顾客的想法和意见，分析顾客的想法，并从中寻找解决方案。

太极法

顾客说	服装销售人员说
· 这件衣服不是很好啊！	· 您能跟我说说这件衣服哪里不合适吗？
· 你们这个价格并不合理。	· 您看这件衣服的面料和设计，您觉得多少钱合适呢？
· 我也做过服装，你们别忽悠我！	· 原来您是行家啊，怪不得这么有眼光，我也是近两年刚做服装生意，您能说说您之前做这行的经验吗？

YES √ 实战强化训练 1

服装销售人员：“这么说您是前辈啊，难怪您问的问题都这么专业。我刚入行一年，看来得叫您一声‘大哥’了。很想听您讲讲，您是如何看出这件衣服值 100 块的呢？”

金牌技巧点拨

利用“太极法”将问题抛回给顾客，听顾客分析，从其话语中可以发现顾客的关注点，找出其不太熟悉的地方，然后就可以围绕这些来介绍自己的服装，这样顾客就会对服装有新的认识。

YES √ 实战强化训练 2

服装销售人员：“行家就是行家，真是什么都瞒不过您。您这么说确实有道理，只看面料和制作，确实值不了 300 多元，但它卖得这么好，就在于它的独特性。您也知道，服装都是批量生产的，但我们这一款不是这样的。您看，我们这个系列一共有 6 款，每款虽然看起来差不多，但各有各的特色。这一款是条纹的，那一款是印花的，这样每件服装都有不一样的风格，穿出去也不容易‘撞衫’。您看上的这款是条纹的，特别适合像您这样的成熟女性，您可以试试。”

金牌技巧点拨

先适当恭维顾客，让顾客能感觉到自己是被尊重的，然后向其介绍这款服装的独特之处，提升服装价值，引起顾客继续了解的兴趣。

YES ✓ 实战强化训练 3

服装销售人员：“您到底是行家啊，一眼就能看出来。您是内行，肯定知道买件皮衣很容易，但保养就比较难了。真皮护理是件很麻烦的事，不仅浪费钱，还浪费精力，如果保养不当穿几次就不行了，您说对不对？（稍微停一下，观察顾客的反应）为了让顾客们穿得省心，我们成立了皮衣护理中心，只要在我们这里买的皮衣，我们都免费做护理。您想，这样您得省多少事啊，所以这个价格是真的很公道。您是行家，我也就不多说了，您试试吧！”

金牌技巧点拨

服装销售人员可以避开顾客熟知的服装知识，多讲自己的优质服务。服务的价值很难估算，顾客一方面会被服装销售人员的诚实打动，一方面也会被这种体贴、到位的服务吸引。

65 情景演练 顾客说：“怎么就你们卖这么贵啊”

NO ✗ 错误应对示例

1. “因为我们是品牌店啊！”

高手指点 语气里有种很自大的感觉，顾客也不可能因为这一个原因就选择购买，如何让客户觉得物有所值是销售人员的基本功。

2. “因为我们店的位置好，租金更高一些。”

高手指点 这明摆着告诉顾客把高额的租金都分摊到了每件服装的价格上，让顾客为租金买单。

3. “其实也没有贵很多啊。”

高手指点 没有给顾客解释为什么贵的原因，无论贵多少，贵了就是贵了，要说出理由。

WHY 一 深度情景解析

有很多顾客在选购服装时都会逛很多家店铺，并在这些服装店之间权衡，价格就是其中很重要的一个比较指标。当我们的服装价格比周边价格高的时候，顾客肯定就想知道同样的一件衣服比其他店的衣服贵的原因。

其实服装销售人员可以把这看成是一个宣传品牌和服装优势的好机会，如果能将品牌与服装的独特之处告诉顾客，让其认同我们的观点。这样，即使顾客没有购买，至少在他们看来我们也是特别的。

想要让顾客认可我们的服装，就要给顾客权威、客观、可见、可信的证据，服装销售人员可以把以下信息作为证据。

推销证据

给出事实依据

品牌获得的荣誉、服装销售记录、库存量、产品说明书、检测报告等

给出权威资料

名人推荐、专家推荐、媒体报道、时尚杂志、销售人员资历等

老顾客的体验

老顾客口碑、老顾客购买与使用的经历、老顾客的体验等

YES √ 实战强化训练 1

服装销售人员：“美女，很多顾客也都这样问过我。我们在价格上虽然要贵一些，但顾客们在试穿之后都表示很喜欢我们的衣服。您看到了，我们店里的经典款式和流行款式都非常多，做工也很精致。一看您就是个非常时尚、个性

的人，我们这儿还有款非常新潮的衣服，您肯定比我更懂流行趋势，不如帮我们看看能打几分？”

金牌技巧点拨

从顾客的穿着上分析顾客的喜好，并从服装的流行性、款式风格上来强调服装的特色，并以请教顾客的口吻，让顾客更加乐意参与体验服装的效果。

YES √ 实战强化训练 2

服装销售人员：“女士，刚刚那位顾客也这么说。她还说‘你们的价格是最贵的，但衣服也是最整齐、线头处理得最好的，看着心里就很舒服’，后来就试了一件很不错的裤子。您今天是想看看裤子，还是上衣呢？”

金牌技巧点拨

借助其他顾客的购买经历来证明本店在服务和质量上的优势，显得更客观，也容易赢得顾客的信任，然后趁机将话题转移到试穿上来，不要在价格问题上与顾客纠缠。

YES √ 实战强化训练 3

服装销售人员：“先生，您真有眼光，一眼就看出差别了，这一条街卖的服装主要以中低档为主，而我们做的是品牌服装，所示价格相对要贵一点儿。您看，这是我们公司这几年的成就，年年被评为‘最受消费者欢迎品牌’呢！在我们店，您可以随便试，放心买。您今天是想看看上衣，还是裤子呢？”

金牌技巧点拨

先适当地恭维顾客，让顾客的情绪放松下来，然后从对服装定位的不同上解答顾客的疑问，并给出事实依据，进而转入对顾客需求的挖掘。

66 情景演练 顾客说：“牛仔裤都要500块，也太贵了吧”

NO × 错误应对示例

1. “现在的有钱人就是喜欢买贵的。”

高手指点 有种看不起顾客的意思，好像在说顾客既然没钱，就应该去买便宜的衣服。

2. “这可是国际知名品牌啊！”

高手指点 是不是国际品牌对顾客来说并没有多大的意义，顾客想了解的是与自己利益相关的信息。

3. “××品牌的还有卖七八百的牛仔裤呢！”

高手指点 顾客已经走进了自己的店铺，服装销售人员却闭口不谈自己的品牌，反而免费为其他品牌打了广告。

WHY 一 深度情景解析

顾客往往会根据自己以前的购物经验，对不同类型的服装有一个心理价位，只要服装的售价不偏离这个价位太远，大多数情况下都会接受，但如果售价太高于这个价位，顾客会很难接受。

服装销售人员不能因为顾客不接受售价就断定其买不起高档服装。随着一个人收入的增加和消费观念的改变，很多顾客更倾向于选择名牌商品。只要能清楚了解服装的价值，顾客购买的可能性就会增大。

当顾客觉得价格太高时，服装销售人员可以通过以下两种方法来说服顾客。

价格分解法

当服装价格比较高，质量又非常好时，服装销售人员可以将总价格平摊到每一年、每一天，为顾客算笔账，把顾客的注意力转移到“小价格”上，从而淡化服装的高价格，凸显服装质量。

激将法

顾客在购物时的心理是充满优越感的，他们习惯了服装销售人员的恭维与顺从，如果服装销售人员能够找准顾客的兴趣点，适当地刺激一下顾客，有时能收到比耐心劝说更好的效果。例如，“姐，这件衣服一般人可能消费不起，但我看您这身精致、优雅的穿着，就知道这个价钱对您来说不是问题，您说对吗？”

实战强化训练 1

服装销售人员：“女士，也难怪您会感到吃惊，普通的牛仔裤也就百十块钱就能买到了，但这款是我们店里最经典的一款牛仔裤了。您看，它用的是进口的优质丹宁布，经过无数次的水洗及特殊处理才能达到复古、洗旧的外观及质感。这些特殊设计的背后是多道繁复、精致的手工，让这款牛仔裤成为独一无二的产品。像您这样高挑的身材，穿上一定会相当好看时尚的。您看是看不出效果的，只有穿上才知道合不合适，您试试吧。”

金牌技巧点拨

首先对顾客的想法表示理解，然后向顾客强调服装的特色和价值，并适当地恭维顾客，最后邀请顾客试穿。

实战强化训练 2

服装销售人员：“先生，就像酒店有星级之分一样，牛仔裤也有区别。一看您穿的这身衣服就知道您是个潮流人士，您肯定能看得出来，这款式是今年最流行的，很多顾客都非常喜欢，但就是消费不起。但我想，对您这样有个性、有品位的人来说，价格肯定不是问题，您说是不是？”

金牌技巧点拨

先使用类比法将服装与同类的普通产品区别开，然后抓住顾客追求时尚、潮流的心理，利用激将法刺激顾客，让其购买欲望更加强烈。

实战强化训练 3

服装销售人员：“美女，您说它贵我非常能理解，毕竟现在挣个钱都不容易，500块买条裤子确实需要考虑一下。但您想想，一条牛仔裤如果穿三四年，平均一年100多块钱，每天只要三四毛钱，您还觉得贵吗？我们这款牛仔裤的最大特点就是款式新颖、时尚，而且很耐穿，穿三四年不成问题。您看裤子上还有我们的品牌Logo，一看就很上档次。您的身材比例又这么好，穿上效果肯定不会差，您这边请……”

金牌技巧点拨

将服装的总价格分解开来，既淡化了高价格带给人的距离感，又间接说明了服装质量可靠，同时称赞顾客，让其更愿意试穿。

YES √ 实战强化训练 4

服装销售人员：“您眼光真好，我们品牌这十几年主打的产品就是牛仔裤，这一款更是畅销多年，今年的销量已突破 10 万条了。因此，我们特地上了一批限量版，很多顾客都赶来买这一款呢。您肯定会想，为什么卖得这么好，这么贵怎么还有人买。这个我先不说，您自己试一下就知道好在哪里了，您这边请……”

金牌技巧点拨

首先恭维顾客，并强调该款服装在店里的地位，用其他顾客对这款牛仔裤肯定的态度反映服装的畅销性，充分激发顾客的了解兴趣。

67 情景演练 顾客说：“就在家穿穿，买这么贵的没用”

NO × 错误应对示例

1. “我们有价格便宜一点儿的，在那边。”

高手指点 直接向顾客推荐便宜的，表面上是遂了顾客的愿，但实际上是将顾客定位在买便宜货的档次，可能会引起顾客的不满。

2. “价格虽然贵了一点儿，但质量好啊。”

高手指点 这句话说得没错，但解释过于简单了，还需要详细阐述质量好的睡衣给顾客带来的具体好处。

3. “睡衣也是衣服啊，买一件好的可以穿好几年呢！”

高手指点 服装销售人员并没有理解顾客想表达的真正意思，不能有效解决顾客提出的异议。

WHY — 深度情景解析

随着顾客的消费越来越趋向于理性化，他们在选购服装时，除了考虑个人的喜好外，还会综合考虑服装的价值、利益和实际效果等。顾客很喜欢一件服装，但没有马上做出购买决定，这就说明服装的价值还没有被顾客充分认识到，其购买欲望还没有被彻底激发出来。

人们之所以会行动，动力无非源自两个方面：一是追求快乐，二是逃避痛苦。顾客的消费行为也是这样，服装销售人员要想说服顾客购买服装，可以通过以下两种方法。

快乐法

为顾客描述穿上服装后的美好效果，以及购买后能给顾客带来的快乐和满足感。例如，向顾客推荐一款裙子，可以这样说："您穿着这条裙子，高贵、优雅地出现在公司，不仅男士们会心动，女士们也会很羡慕您的……"

痛苦法

为顾客描述放弃这款服装可能会带来的损失和遗憾，或者跟顾客描述劣质服装的危害。例如，推荐一款内衣时，可以强调劣质内衣对身体的危害，然后介绍这款内衣对呵护顾客健康所起的作用，让其在权衡之下选择我们的服装

YES ✓ 实战强化训练 1

服装销售人员："美女，您的想法我非常理解。很多顾客都跟我说'睡衣，买个便宜的凑合一下就行了'，其实睡衣跟我们生活质量的关系很大，那些便宜的化纤睡衣很容易刺激皮肤，甲醛含量也很高，对身体伤害大。我们每天都要穿 10 多个小时的睡衣，舒服、健康肯定是最重要的。您再摸摸这件睡衣的材质……"

金牌技巧点拨

利用"痛苦法"向顾客讲明劣质服装的危害性，让其对购买低价睡衣产生抵触心理，从而更愿意接受高价、优质的睡衣。

YES ✓ 实战强化训练 2

服装销售人员："您的意思我可以理解，也有不少顾客这么说过。其实，我觉得睡衣比外套还要重要。我们这款真丝睡衣柔顺丝滑，能很好地呵护肌肤。

您想象一下，穿着这款舒适的睡衣，靠在家里的沙发上，看上一会儿电视，您工作了一天的疲劳感就全消失了，您说是不是呢？”

金牌技巧点拨

利用“快乐法”将服装与顾客的生活结合在一起，描述穿上这件服装的场景和感觉，让顾客真切地感受到一种满足感，从而激起顾客的购买欲望。

YES ✓ 实战强化训练 3

服装销售人员：“姐，您要是只看价格，这确实比市场上普通的睡衣贵一些，但睡衣对于女人来说代表的更是生活中的一种情趣和品位。一般人确实消费不起这件睡衣，但一看您的穿着打扮就很贵气、很优雅，一看就是讲究生活质量的人。这件柔顺丝滑的睡衣最能满足您的要求了……”

金牌技巧点拨

利用“激将法”抓住顾客的心理和实际需求，选择顾客最看中的一点下手，激发其潜在需求。

第六章

Chapter 06

巧谈促销优惠情景口才训练与实战技巧

销售口才

现在服装店的各类打折、营销活动层出不穷，过多的打折促销让顾客忽略了服装本身的品质，对价格的变动变得格外敏感，也使顾客经常对店铺的促销活动提出很多异议。因此，服装销售人员要学会如何在恰当的时机用合理的方式将促销优惠介绍给顾客，以便达到销售的目的。

68 情景演练 顾客说："你们店什么时候打折啊"

NO ✕ 错误应对示例

1. "这个我也不太清楚。"

高手指点 顾客会觉得服装销售人员一点儿都不真诚，只是在敷衍，可能会很不满意。

2. "我们店的新品都是不打折的。"

高手指点 说话太生硬了，既没有给自己留有余地，也会让顾客觉得太不通情理了。

3. "这周末您过来看看吧。"

高手指点 既然顾客今天来了，就争取在今天完成交易，不要把销售往后推迟。

WHY 一 深度情景解析

每个服装店几乎都会做一些促销活动，即使平常没有打折活动，节假日的时候也会有一些优惠活动。促销活动开始变得普遍，这也使顾客产生了"等待促销活动"的心理。很多顾客往往会在新品上市的时候来店铺挑选，然后等到打折时再来购买。

但任何事情都是有两面性的，打折商品确实便宜，但同时也有以下一些不令人满意的情况。

1 服装打折的时候很容易缺货或尺码不全，顾客可能不得不转买其他并不是很满意的衣服

2 往往在新品打折时买的人非常多，这时候穿就不那么个性了，缺乏独特性

3 虽然在换季打折时价格会很便宜，但穿不了多久就过季了

服装销售人员如果能通过一些技巧淡化促销带来的价格优惠，同时将“等待促销”的一些会让顾客觉得心情变差的假设结果说给顾客，会使一部分顾客不再等待促销期，而是抓住时机购买。

YES √ 实战强化训练 1

服装销售人员：“您有这样的想法，我非常能理解。看来您是一个理性的人。我给您算一笔账吧，您要是现在买这件衣服，也就要 300 元，今年还能穿三四个月，每个月也就 100 元。我们一般在换季的时候会促销，打折也最多打八折，也就是 240 元，可那时候您再买的话，穿一个月就过季了。这样算，打折是便宜一点儿，但也并不划算，不是吗？您早买就能多穿一段时间，您说对不对？”

金牌技巧点拨

对于一些很精明的顾客，服装销售人员可以用一些数据或者价格分摊法来说服顾客，这样更容易让其产生购买欲望。

YES √ 实战强化训练 2

服装销售人员：“美女，我非常理解您的想法，打折确实会便宜一些，但这款衣服您也看到了，我们卖得非常好，现在我们的很多分店都已经没货了，进货也很困难，也就我们店还剩最后 4 件了。能看出来您很喜欢这款衣服，最重要的是衣服真的非常适合您，如果错过就太可惜了。早买就能早穿，我觉得现在买的时机刚刚好，您说呢？”

金牌技巧点拨

通过给顾客制造一些紧迫感，施加软性的压力，促使其尽快做出购买的决定。

YES ✓ 实战强化训练 3

服装销售人员：“先生，一看您的穿衣风格，就知道您是个追求潮流、时尚的人，这个我没猜错吧？既然新潮嘛，就要买最新潮流的衣服，您要是把这件衣服穿出去，其他人就只有羡慕的份儿了，这就叫走在潮流的最前端。如果您等到促销时再买，大街上的人都穿了，就没什么个人特色了，您说对不对？”

金牌技巧点拨

利用“激将法”，抓住顾客追求潮流的心理，刺激其痛快地做出购买决定。

69 情景演练 顾客说：“特价的服装质量会不会有问题啊”

NO ✗ 错误应对示例

1. “这个您放心，肯定没有质量问题的。”

高手指点 回答得过于简单，没有给出任何有力的说服依据，不足以让顾客下定决心购买。

2. “您要是想要好的，我们也有，但价格就要贵一点儿了。”

高手指点 直接就质量问题跟顾客解释清楚就好了，说这些只会让顾客觉得我们瞧不起他。

3. “一分价钱一分货，您自己考虑吧。”

高手指点 这等于自己承认了服装有质量问题，即使顾客想买，听了这句话也不敢放心地买了。

WHY 一 深度情景解析

服装是季节性很强的一种商品，当换季的时候，或者店面需要清理库存、需要资金周转的时候，往往会搞一些促销活动。这样，顾客既能以低价买到衣服，得到实惠，店家也能在一定时间内回笼资金。但也有很多顾客并不认可这种特价服装，他们觉得这种特价处理的衣服在质量上肯定有问题，花钱买一件有缺陷的服装还不如不买。

因此，当顾客对特价服装的质量存有疑虑时，服装销售人员可以有采用以下两种处理方法。

对于质量没有问题的服装，服装销售人员要给出切实可信的证据，例如，请顾客自己分析，或者从价格对比、品牌信誉等方面说服顾客

对于确实有质量瑕疵的服装，服装销售人员也不要欺瞒顾客，强调小瑕疵并不影响穿着效果，让顾客对服装有个基本了解

实战强化训练 1

服装销售人员：“您有这样的想法我非常理解，很多顾客也这么问过我。质量问题您可以放心，我们这一款做特价不是因为它有质量问题，而是因为它卖得非常好，我们一个季度就卖出了 3000 多件，其他分店都已经没货了，这款服装现在也就剩下 6 件，因为尺码不全，所以我们才拿来做促销的。您身材这么好，这件小码的很多顾客都很喜欢，可就是穿不上。您这么苗条，穿上一定很合适，您试试吧！”

金牌技巧点拨

首先向顾客强调服装做促销不是因为质量上的问题，而是因为销量太好，没有存货，尺码缺损才特价销售的，然后赞美顾客的身材好，赢得其欢心，最后鼓励顾客试穿。

实战强化训练 2

服装销售人员：“嗯，我非常理解您的想法。以前这件衣服卖 300 多元一件，现在就卖 100 多元，您有这样的想法也很正常。这次我们主要是为了回馈老顾客，所以才做的一次促销活动。我给您拿两款衣服，您可以对比一下。您看这件是我们做特价的，这件是我们售价 300 多元，没有做特价的衣服，它们的面料做工都一样，您可以仔细对比一下，肯定不会差的。”

金牌技巧点拨

首先对顾客的想法表示理解，然后说明大幅度降价的原因，再拿出特价与原价的两款服装让顾客比较，让顾客对特价服装的质量更放心。

YES √ 实战强化训练 3

服装销售人员：“姐，一看您就是会买衣服的人，这质量有没有问题，我说了没用，您自己用手感受一下，跟其他衣服比比就知道了，质量绝对没得说。您看我们的吊牌上，这衣服是经过严格质检的，如果您拿回去发现质量上有问题，我们可以包退换的，这下您可以放心了吧。来，您先试试。”

金牌技巧点拨

首先对顾客表示适当恭维，然后让顾客自己感受服装的质量，并以人性化的售后服务保障来证明服装销售人员对服装的信心，让顾客可以放心购买。

70 情景演练 顾客说：“你们总打折，那以后会更低吗”

NO × 错误应对示例

1. “这已经是最低折扣了。”

高手指点 没有多大的说服力，顾客可能会想：你们已经打了这么多次折，谁能保证不会有下一次。

2. “要是价格再低的话，我们就亏本了。”

高手指点 好像在提醒顾客不要过于贪心，要见好就收，话虽然没错，但容易让顾客反感。

3. “我们就这两天在打折，不管您信不信，您要是不买肯定会后悔。”

高手指点 销售人员的语气太强硬了，还带有威胁的意思，很容易激起顾客的不满，最后不欢而散。

WHY 一 深度情景解析

顾客在购物时，往往希望能得到更大的优惠，只要顾客觉得我们还有让步的余地，他们就永远不会满足于目前所得到的优惠，也不会选择马上购买。

因此，服装销售人员要打破顾客对打折的幻想，要强调现在的促销价就是最低价，告知顾客明确的促销期限，要传达给顾客这样的信息：不会有比这更低的价格了，促销活动即将结束，商品也快要断货了等，给顾客一种紧迫感，这样才能快速完成销售。

YES √ 实战强化训练 1

服装销售人员：“美女，谢谢您对我们店铺的关注。因为这周是我们的店庆活动周，为了回馈老顾客，我们店所有的服装全部七折销售，明天就是最后一天了。很多老顾客这几天都来店里挑选，他们说我们店很多年没打过这么低的折扣了，是该来个促销活动庆祝一下了。您先看看，有喜欢的就试试。”

金牌技巧点拨

首先向顾客解释促销的真实原因，并给出时间限制，还可以通过其他老顾客的话向顾客侧面反映这次的打折幅度确实很大，以此激发顾客的购买欲望。

YES √ 实战强化训练 2

服装销售人员：“姐，看来您一直也在关注我们店，真是谢谢您了。这几款都是我们这几个月卖得最好的款式了，已经快卖断货了，现在尺码不是很全了，所以我们才连着做了两次打折活动，这在我们店还是头一次呢！您身材这么好，正好又有合适您的尺码，至于质量如何，您试试就知道了。”

金牌技巧点拨

首先对顾客的关注表示感谢，然后告知顾客促销的原因，并暗示顾客其看中的服装在店内的库存少，要抓紧时间购买。

YES √ 实战强化训练 3

服装销售人员：“女士，这两天不是要过节了嘛，所以我们就挑了一些最受欢迎的款式做七折销售。就在前两天有位顾客看中了一件连衣裙，她觉得过几天折扣肯定会更低，今天她又过来看了，但没想到已经没货了，她很后悔没有早点购买。七折真的是很优惠的价格了，一过完节，价格肯定会往上调的。女士，既然遇上了就抓住机会，您看看有没有您喜欢的款式。”

金牌技巧点拨

通过其他顾客的购物经历来暗示顾客，这次的价格已经最低了，如果不及时购买，很可能就没货了。

71 情景演练 顾客说：“为什么都促销，就你们不做促销”

NO × 错误应对示例

1. “我们前些天已经做过了。”

高手指点 这等于给了顾客一个讨价还价的机会，顾客很可能会抓住这一点要求更低的折扣。

2. “我们的价格已经很低了。”

高手指点 这样的回答并没有什么说服力，顾客还是会想方设法争取更低的价格。

3. “对，我们没有促销活动。”

高手指点 过于直接的回答会让顾客觉得要折扣和优惠都没有任何希望，还不如放弃购买。

WHY 一 深度情景解析

商家经常会做一些促销活动，导致顾客已经习惯了在购物时有这样那样的优惠，毕竟顾客都希望能以最少的钱买到最好的服装。尤其是周边的服装

店都在做促销，唯独我们的店铺没有打折和优惠时，顾客就会感到很奇怪，

甚至会很失望。但促销只是增强服装吸引力的一个手段，如果顾客不喜欢、不合身，即使价格再优惠，顾客也不会买，顾客最看中的还是服装实际的价值。

因此，不管顾客提出什么条件，服装销售人员都要保持头脑清醒，将阐述的重点始终放在服装的价值和能给顾客带来的利益上。

顾客的穿着打扮、言行举止能透露出他们的经济能力与兴趣爱好，在分析掌握这些信息后，可以尝试先入为主，让顾客无法拒绝我们的恭维以及我们推荐的服装。例如：

看您的穿着打扮，就知道您是一位非常时尚的人，我们这款衣服设计新潮，很多顾客虽然很喜欢，但就是穿不出感觉，只有像您这样追求时尚又会搭配的人才能穿出效果来，您试试……

您还跟我们砍价啊，看您怀里抱的这只可爱的名犬就知道，您肯定不会在乎这个价格的，您在乎的是衣服能不能表现您的品位，您说对吗？

需要注意的是，“先入为主”是建立在对顾客细致、准确的观察上的，否则很容易适得其反。

YES ✓ 实战强化训练 1

服装销售人员：“先生，我非常理解您的想法。看您穿的这身衣服，就知道您不是等闲之辈。对于像您这样的成功人士来说，打折并不重要，重要的是衣服是不是适合您，能不能把您的气质和品位突显出来，这才是最重要的，您说对不对？（稍微停顿，观察顾客反应）所以，您先试试这件吧，很有品位的一款风衣，很多公司的老板都喜欢买这款，您穿上后肯定会很有魅力。”

金牌技巧点拨

首先从顾客的穿着入手，赞美顾客的气质和品位，让顾客对我们产生好印象，然后强调购买服装最重要的是合适，并列举一些有影响力的老顾客对服装的态度，引导顾客试穿。

YES √ 实战强化训练 2

服装销售人员：“美女，最近有很多顾客问过我们这个问题，现在确实有很多商家在做促销活动，但我想您也看到了，促销的都是一些快要换季的衣服，或者是一些大众化的款型，对吧？您看，我们店铺的都是现在新潮的款式，很多年轻顾客都喜欢来我们店买衣服。您这一身穿着真好看，一看就很有品位。您刚看中的那一款是今年非常流行的复古网纱裙，您试试吧！”

金牌技巧点拨

首先客观地指出其他商家促销的真正原因，让顾客不再那么关注促销打折，然后将话题转移到对服装特色的介绍上来，并结合顾客的喜好强调今年的流行趋势，引导顾客试穿。

YES √ 实战强化训练 3

服装销售人员：“姐，您这就冤枉我们了，我们店的最大特色就是实价销售，每一款衣服都保证是市场最低价。您看，我们店规里还有一条，只要您在其他店看到同类服装的价格比我们低，我们双倍返还差价。其他商家确实在搞促销，但我们天天都在实价销售啊！很多顾客喜欢来我们店就是因为我们的价格很实在，买着也放心。您尽管试，那边是试衣间。”

金牌技巧点拨

强调店面的经营特色就是实价销售，并通过店规来证明这一点，最后借其他顾客强调价钱的实在，以此打消顾客的疑虑。

72 情景演练 顾客说："那家打七折还给赠品呢，灵活点儿"

NO ✗ 错误应对示例

1. "我们这里的生意好，不用那么低的折扣。"

高手指点 说话不过脑子，显得傲慢自大，很容易引起顾客的不满，对店铺产生坏印象。

2. "您先看看有喜欢的吗？价钱可以商量。"

高手指点 这句话会让顾客觉得销售人员很不实在，标出来的价格水分很大，顾客反而不敢放心选购了。

3. "不会吧，怎么会这么低呢？还有赠品？"

高手指点 有种怀疑顾客撒谎的意思，会让顾客觉得自己没有得到尊重，引发顾客的不满。

WHY 深度情景解析

顾客都希望花更少的钱获得更多的利益，但并不代表哪家的折扣更低、有赠品，顾客就会选择哪家。服装作为一种必需品，我们每天都离不开它，因此每个顾客对服装都有一些基本的鉴别能力。但顾客购买服装最看中的还是服装品质和价格等因素，而促销只是一种刺激顾客销售的手段。如果一个服装店每天都在做同样的促销，那相当于没有优惠。

当顾客说出"那家打七折，还有赠品"的时候，只是为了刺激服装销售人员，希望能得到更多的优惠。但这其实不是顾客真正在意的，顾客不会因为这个原因就直接放弃购买。所以，服装销售人员不必太在意，只需对顾客的意见表示尊重，并表示会将其意见反映给公司，顾客感受到被重视，自然不会再纠缠这个问题。

YES ✓ 实战强化训练 1

服装销售人员：“非常谢谢您提出的建议。是这样，早上也有一位女士跟我这么说，我已经把意见反映给公司了，不过我们店长说我们的服装本来定价就低，所以现在也只能打这么多折扣了，不过这确实已经是非常优惠了。”

金牌技巧点拨

委婉地跟顾客说明自己店铺的服装折扣小是因为服装本身的定价就低，本来就很优惠了，降价后更值得购买，然后将这个原因转化为服装卖点。

YES ✓ 实战强化训练 2

服装销售人员：“非常感谢您提出的建议，我一定把它反映给我们公司的相关部门。其实我也一直觉得我们店服装的折扣不如他们低，估计是我们服装本身就比较实惠的缘故，但还是非常谢谢您提出的建议。”

金牌技巧点拨

首先感谢顾客提出的建议，并表示会把其建议反映给公司的相关部门，然后暗示顾客服装本来的价格已经很实惠了，所以折扣相对小一些。

YES ✓ 实战强化训练 3

服装销售人员：（笑脸相对）“非常感谢您的支持，只是真的非常抱歉！因为我们公司在商品品质上一直都很诚信，这也正是很多顾客会信任我们的原因，所以在价格上真的要请您多多理解了。不过我会立即将您的建议反映给公司，如果有优惠活动，我会马上与您联系，您看这样好吗？请问，您今天想看看什么呢？”

金牌技巧点拨

首先对顾客的支持表示感谢，并表明不能降价的原因，然后把话题转移到衣服上去。

73 情景演练 顾客说："我既想要打折，也想要赠品"

NO ✕ 错误应对示例

1. "非常抱歉，您只能选择其中一种。"

高手指点 回答语气太平淡，顾客仍然不会选择其中一种，还是会在这个问题上继续与我们纠缠。

2. "您就不要为难我了，我没有这个权力这么做的。"

高手指点 好像在说顾客的要求很无理，顾客也许不会继续要求两种都要，但有很大可能会放弃购买。

3. "这打折以后就很优惠了，您就别再要赠品了！"

高手指点 没有多大的说服力，顾客仍然会觉得还有机会拿到赠品，于是会继续纠缠。

WHY 一 深度情景解析

有很多服装店在做促销活动时通常既会打折也会送赠品，但大多数情况下会限定顾客只能二选一。

但人的欲望是无穷的，尤其是顾客在购物时，总希望付出更少的钱获得更多的利益，表示打折和赠品都想要，这其实也是很正常的一种反应。

在遇到这类情况时，服装销售人员要善于引导顾客，可以按照以下思路来进行引导。

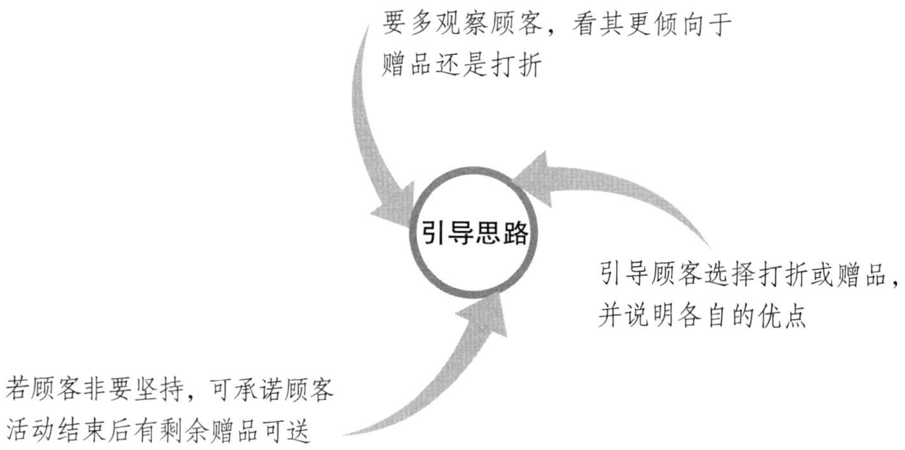

实战强化训练 1

服装销售人员：“真是非常不好意思，女士，我们这个活动规定顾客只能选择打折或赠品其中一样。能看出来您很喜欢我们的赠品，这个可爱的小熊配饰确实很超值，要是算下来您只需要用 40 元就能买下它，但它在市场上的售价一般在 90 元以上，所以我建议您还是选择这个可爱的小熊配饰吧。”

金牌技巧点拨

通过观察发现顾客更喜欢赠品一些，因此服装销售人员开始引导顾客选择赠品，并强调了赠品的价格优势。

实战强化训练 2

服装销售人员：“不好意思，美女，活动规定顾客只能选择打折或赠品其中一样。这件衣服非常适合您，我觉得您最看重的还是服装本身，我建议您选择打折，您觉得呢？”

金牌技巧点拨

根据自己对顾客的判断引导顾客选择打折，并说明购买的目的是服装本身，让顾客自己去权衡。

YES ✓ 实战强化训练 3

服装销售人员：“非常抱歉，美女，我们活动规定顾客只能选择打折或赠品其中一样。看您确实非常喜欢这个配饰，这样吧，您留一下电话，等我们活动结束后要是还有剩余的赠品，我再跟您联系赠送您一个，您现在就先选择打折吧，好吗？”

金牌技巧点拨

当顾客执意两个都要时，销售人员可以承诺等活动结束后如果有剩余的赠品可以送给顾客，这样顾客也不会再多做纠缠。

74 情景演练 顾客说：“这款式是去年的吧，也不打折”

NO ✗ 错误应对示例

1. “肯定是您看错了，这是今年的最新款。”

高手指点 顾客既然这么说肯定是有依据的，而服装销售人员直接否认，与顾客争辩，很容易引起顾客的反感。

2. “我们店里最近没有促销活动，所有服装都不打折。”

高手指点 等于告诉顾客“等店里有活动的时候您再来买吧”，相当于放弃了一个成交的机会。

3. “很抱歉，这款衣服本来利润就少，不能打折了。”

高手指点 并不能有效说服顾客，很多顾客都认为既然不是新款，就应该降价销售才对。

WHY — 深度情景解析

顾客在购买服装时除了要求穿着舒适、美观之外，还要符合流行趋势，他们很看重这一点，尤其是对于服装的款式风格。所以服装的款式一旦过时，其价值自然会下降很多，服装店为了把过时的服装处理掉，往往会采取打折促销的手段。

大多数顾客已经习惯了这种促销方式，所以当他们发现旧款服装时，自然会要求降价，甚至有些顾客会专门寻找旧款服装，他们认为这才是最实惠的。如果服装店确实在为旧款服装做促销，那么服装销售人员在向顾客介绍时，一定要将优惠的内容讲清楚，然后强调服装的物美价廉。

如果服装店没有采用促销手段销售过时服装，服装销售人员可以重点强调服装的独特之处，强调因为款式经典，所以不会很快过时，但不排除有顾客对服装款式是否经典不感兴趣的情况。

YES √ 实战强化训练 1

服装销售人员：“女士，您现在看到的价格就是我们促销价，298 元，这款裙子原价是 498 元。我们之前都没有过这么大的优惠，现在购买正是时候，物美价廉。”

金牌技巧点拨

对于一些过时的服装经常会采取一些优惠措施，服装销售人员要把优惠的内容跟顾客表述清楚，然后强调服装的物美价廉。

YES √ 实战强化训练 2

服装销售人员：“美女，看来您是行家啊，这确实是去年的款式，但就是因为它的款式经典，所以自从上市后就没打过折，销量一直都很好。您放心这款风衣的款式不会那么快过时的。”

金牌技巧点拨

当旧款的服装并没有做什么促销活动时，可以把旧款的独特之处介绍给顾客，强调其款式经典，不会很快过时，让顾客放心购买。

实战强化训练 3

服装销售人员：“美女，是的，您真是个行家，一眼就看得出来，所以我才要跟您说，这件衣服虽然是我们去年的款式，但这个款式的设计是十分经典的。您看这款在细节上的设计非常有亮点，您穿上以后特别能衬托您的气质。您知道服装越是经典款越受大家欢迎，而且现在买最划算呢！”

金牌技巧点拨

首先适当地赞美顾客，然后介绍服装的款式经典，并恭维顾客穿上后的效果，激发顾客的购买欲望。

第七章

Chapter 07

促成顾客购买情景口才训练与实战技巧

销售口才

每一次成功的销售其实就是满足顾客需求的一个过程，顾客需求得到了满足，自然就会形成购买行为。当顾客对购买犹豫不决时，服装销售人员就要学会刺激顾客的购买冲动，踢好成交前的临门一脚，使交易尽快达成。

75 情景演练 顾客说："衣服我很喜欢，但同事也有一件"

NO 错误应对示例

1. "那要不您再看看别的款式吧！"

高手指点 顾客虽然说同事也有一件，但不代表顾客不想买，而服装销售人员直接引导顾客去看其他款式，销售失败的可能性很大。

2. "那给您换个其他的颜色。"

高手指点 承认了顾客的看法，放弃了与顾客成交的机会，顾客会直接拒绝我们的提议。

3. "每个人穿出来的效果是不一样的，您不用顾虑这么多！"

高手指点 直接反驳顾客的看法，并没有从正面解决顾客的问题，顾客还是不会买。

WHY 深度情景解析

跟同一公司的同事穿一件一样的衣服确实会显得尴尬，因为人们或多或少都有追求个性的心理，穿着和别人一样的衣服会显得自己很没个性。当听到顾客有这样的疑虑时，服装销售人员要清楚：顾客很喜欢这件衣服，只是表示同事有一件一样的，但这不代表顾客不会买，所以要学会推进销售，尤其在将要成交的阶段。

应对这样的问题时，服装销售人员的处理方法要灵活一些，从服装颜色、款式或类似款式上下功夫，向顾客推荐更适合的服装。在销售的最后阶段，要注意观察顾客的行为，因为有些是顾客发出的购买信号，具体的购买信号如下。

1. 认真查看衣服是否有瑕疵，对衣服表现出爱不释手的样子。
2. 眼睛一直盯着同一款衣服或同时找几个类似的款式进行比较。
3. 经由服装销售人员的推荐后，表示愿意试穿。
4. 开始对某款服装感兴趣，如反复查看价钱和衣服的面料等。
5. 不再询问服装销售人员问题，而是表现得若有所思，不断地观察。
6. 在离开后又重新返回，再看同一款衣服，并询问朋友的意见。
7. 整个人突然变得很轻松，态度也更加友好。
8. 放下原本交叉在胸前的手，或者开始松开原本握紧的拳头。
9. 开始不停地点头，当顾客边看衣服边微笑点头时，说明其对衣服很有好感。

这款衣服穿的人多说明衣服好看，因此也可以适当利用“从众成交法”促使交易达成。

从众成交法

- 利用顾客的从众心理，促使顾客购买服装的方法
- 使用时机：顾客很喜欢这款服装；顾客很想要，但因为某些原因无法决定
- 不适用于喜欢个性服装，追求与众不同的顾客
- 列举的“众”要恰当，否则不但无法说服顾客，还可能产生新的成交障碍

YES √ 实战强化训练 1

服装销售人员：“是吗？那真是太好了，看来喜欢我们衣服的顾客真不少。不过您放心，这一款还有其他颜色，白色和浅灰色，我觉得以您的身材和气质，白色会更适合您。您试试就知道了，您这边请……”

金牌技巧点拨

在顾客提出疑虑后，为其推荐更合适的颜色，这样既避免了与其同事“撞衫”的尴尬，又能让其买到满意的衣服。

YES ✓ 实战强化训练 2

服装销售人员：“那真是太好了！确实，我们这款衣服卖得非常不错，您看这一上午就卖出去 5 件了。不过，在同一个办公室穿同样的衣服确实会有些尴尬。没关系，美女，我们这里还有类似的款式，我觉得颜色和风格都很适合您，您可以试穿一下，看看喜不喜欢，您这边请……”

金牌技巧点拨

首先强调了这款服装的销量确实不错，并对顾客的观点表示认同，然后向顾客推荐类似的款式，邀请顾客试穿。

76 情景演练 顾客说：“我先试试，等你们打折再买”

NO ✗ 错误应对示例

1. “我们还不知道什么时候打折呢！”

高手指点 等于在暗示顾客衣服有可能会打折，使顾客更加坚定等到打折时再买的想法。

2. “我们现在其实也有优惠的。”

高手指点 顾客试完了都没说有优惠，一说要离开才提出有优惠，会给顾客一种价格虚高的感觉，顾客并不会轻易买单，很可能会陷入价格博弈。

3. “难得找到这么适合您的衣服，您还等什么？”

高手指点 有一种强迫顾客购买的意思，会让顾客感觉不舒服，也没有主动引导顾客购买。

WHY — 深度情景解析

顾客提出“等你们打折再买”往往是出于三种情况：

支付压力 觉得衣服的价格太高，有支付压力，希望服装销售人员能降低价格或者等促销的时候再来买

找借口离开：顾客还想去其他服装店转转，看看有没有同款而且价格更低的衣服，所以找个借口离开

购买欲望不高：这件衣服并不是非买不可，顾客现在不想花这么多钱买这件衣服，所以想等到打折的时候再考虑

要想说服顾客购买，就要运用一些技巧，推动成交进程，例如：

1 用现在不买可能产生的不利影响促使顾客尽快做出购买决定，服装销售人员要善于利用“痛苦与快乐”引导顾客。

2 利用人们“怕买不到”的心理来促成销售，因为越是买不到的东西，就越想得到，也可在服装库存数目不多时运用。

YES √ 实战强化训练 1

服装销售人员：“您说得没错，打折的时候确实比现在要便宜，可您要是现在买能穿一季，不至于穿不了几天就放柜子里了。按照这样算，打折的时候买价格反而更高，您说呢？而且您要是现在购买，我们可以给您办个积分卡，以后您只要说手机号，就可享受九折优惠……”

金牌技巧点拨

首先同意顾客的观点，然后向顾客说明现在不买以后可能会后悔，让顾客改变继续等待的想法。

YES √ 实战强化训练 2

服装销售人员：“打折的时候确实物美价廉，但也有它的不足之处。比如，您买了之后穿不了几次就过季了，而且明年不一定流行这个款式了；再如，打折的时候尺码经常不全，如果到时候您来了，发现没有适合您的尺码，就太可惜了，而且我们现在也有优惠（如打折、赠品、会员优惠）……所以，我建议您今天就买，其实现在买也很实惠的。”

金牌技巧点拨

首先对顾客的话表示认可，然后举一些顾客当前不买可能以后想买也买不到的假设，同时用一些优惠手段引导顾客马上做出购买决定。

YES √ 实战强化训练 3

服装销售人员：“姐，一看您就很会持家，买衣服也会挑选时机。没关系，您可以留下您的电话号码，等我们打折的时候我马上通知您，这样您就可以过来挑选了。”

如果顾客很痛快地就把电话留下了，说明很喜欢这件衣服，只是觉得价格太高。针对这种情况，服装销售人员可以说：“看来您是真的很喜欢这件衣服，您穿上也很漂亮。我还是建议您现在买，要不等到促销的时候，怕没有适合您的尺码。”

如果顾客不肯留下电话，服装销售人员可以尽量挽留顾客：“姐，其实我们现在也有折扣，只是没有换季的时候折扣低，但现在的尺码很全，我担心以后尺码会不全，没有适合您的尺码，那到时候您得多失望啊，您说呢？”

金牌技巧点拨

首先赞美顾客，并以“留下电话方便联系”的方法来试探顾客是否真的喜欢这件衣服，然后根据顾客不同的反应用不同的话语吸引顾客立即购买。

77 情景演练 顾客说：“衣服不错，下次带朋友帮我看看”

NO × 错误应对示例

1. “好的，那您下次再买吧。”

高手指点 这是非常消极的一种应对方式，没有为成交做任何努力，就直接放弃了成交的机会。

2. “到时候再买可能就没货了，这也没多少钱，喜欢就买了呗！”

高手指点 这样的说话语气会让顾客认为我们在强迫其购买，虽然顾客面上不会说什么，但是会很快离开店铺。

3. “这是您自己穿还是您朋友穿啊，您自己喜欢就好了啊。”

高手指点 没有考虑到顾客的真实想法，胡乱揣测，容易激发与顾客的矛盾，影响双方的关系。

WHY 一 深度情景解析

如果顾客比较喜欢一款衣服却不能马上决定购买，还要过几天让朋友过来帮忙看看，主要有以下四个原因。

四个原因

- 在试了衣服后，不好意思直接走，就找了个理由离开
- 对自己的判断缺乏足够的信心
- 购物习惯的原因，觉得有个人参谋会更好
- 希望服装销售人员能够优惠，但不好意思直接砍价

在遇到这类顾客时，服装销售人员首先要想办法留住顾客，并尽心地为其做参谋赢得信任，然后刺激顾客做出购买的决定。如果顾客总是犹豫不决，服装销售人员首先要充满自信，然后把这种自信传递给顾客，并使谈话围绕销售的核心进行，在解决了顾客的异议之后，及时提出成交。

当顾客由提出异议转为谈论以下话题时，服装销售人员基本可以认定顾客已经有了购买的意向了。

1. 开始关心售后情况，询问服装保养、洗涤等问题，并希望服装销售人员做出保证
2. 开始和服装销售人员不停地讨价还价，询问是否能优惠
3. 开始用假定的口吻与服装销售人员讨论购买条件
4. 对服装的一些小问题，如做工、规格、颜色等提出自己的一些意见或要求
5. 询问服装销售人员有没有额外的赠品

6 不停询问同伴对服装及自己穿着效果的意见

7 开始关心服装的某一缺点或优点

实战强化训练 1

服装销售人员：“这样也好，我尊重您的决定，只是我觉得这件衣服真的非常适合您，您穿上特别好看，所以我想请问一下，是什么原因让您无法下定决心购买呢？”

金牌技巧点拨

首先表示尊重顾客的决定，让顾客放下戒备心，询问顾客的想法，以便引导其做出购买的决定。

实战强化训练 2

服装销售人员：“这样也可以，但我就担心您下次带朋友过来就没货了，这款衣服卖得非常好。您看，今天一天就卖出 4 件。前天就有一位顾客带她朋友来看她前几天挑中的一款衣服，可来了就发现没货了，调货也调不到，她当时就难过了，也弄得我们挺不好意思的。所以我建议您，如果您喜欢的话，您今天就带上，也不必再多跑一趟了。您可以再试试，感觉一下。”

金牌技巧点拨

首先将自己担心的事告诉顾客，并列举类似的销售事例，证实服装的好销量，然后给顾客提出建议，进入刺激顾客购买阶段。

实战强化训练 3

服装销售人员：“美女，您今天没带朋友来真是太可惜了！我觉得这款衣服无论是颜色还是风格都很适合您，况且我们这两天在做促销，价格也非常合适，过两天促销就结束了，而且到时候不一定还有货。如果没有货您就白跑一趟了，那多可惜啊，所以您今天买最合适不过了。”

金牌技巧点拨

首先跟顾客表明衣服确实很合适，然后利用顾客想要优惠的心理，刺激其马上做出购买决定。

78 情景演练 顾客说："一个月内你们再打折，我就退货"

NO X 错误应对示例

1. "打折是正常的促销手段，什么时候打折也不是我说了算。"

高手指点 没有任何说服力，不能解除顾客的疑虑，还同时暗示顾客店里确实在一个月内有打折的可能。

2. "什么时候打折是公司安排的，我也不敢保证。"

高手指点 服装销售人员说话含含糊糊，不敢回复顾客的问话，是一种很消极的处理态度，顾客想要的就是正面的回复。

3. "您这么说，我都不敢卖给您了，服装店打折也很正常啊。"

高手指点 明摆着在说打折的可能性很大，或者卖给顾客的价格确实不低，服装销售人员自己心里也没底。

WHY 一 深度情景解析

顾客在购买之前提出此类异议，一般可分为以下三种情况。

（1）怕被骗了，对自己的决策没有什么信心。

（2）对商量好的价格不甘心，想压价。

（3）怕真的出现打折情况自己吃亏，想寻求保证。

顾客买衣服，最终是被自己说服的，而不是被服装销售人员说服的。所以，当顾客提出此类异议时，服装销售人员要向顾客解释清楚为什么会打折，告诉顾客买与不买对其产生的影响，从而调动其购买欲望。

在解决了顾客的异议之后，服装销售人员可以用"提示选择法"促进交易达成，即可以向顾客提出多个购买方案，让顾客选择其中一种。例如，"这件衣服您是直接穿着呢，还是我给您包起来""您拿红色的，还是白色的呢"等。但要注意，方案最多不要超过三个，否则很难尽快成交。另外，用语要恰当，回避“要”还是“不要”的问题，而是给出可供选择的完整的购买方案。

YES √ 实战强化训练 1

服装销售人员：“我非常理解您的想法，要是我刚买不久的衣服打折了，我心里也会不高兴。不过，您也知道打折的衣服一般都是过季的旧款，买回去穿不了几次就压箱底了，要不就是尺码不全。这样一想，您现在买还挺划算的，就跟我们买菜一样，新鲜一点儿的总要贵一些，您说呢？您是直接穿着，还是我给您包起来？”

金牌技巧点拨

首先对顾客的想法表示理解，然后告诉顾客衣服打折的原因，以及现在不买可能以后再想买也买不到了，以此坚定顾客的购买决心。

YES √ 实战强化训练 2

服装销售人员：“姐，这个您可以放心，我们的品牌没有什么特殊情况是不会打折的，很多老顾客也是看中这一点才经常在我们店买衣服的。我们本着对顾客负责的态度，一般都是按原价销售，只有在断码、换季等情况下才有可能打折，这也是服装行业常有的情况，所以您就放心穿吧，更何况这件衣服就像给您量身定做的一样……”

金牌技巧点拨

向顾客保证只有在断码、换季等情况下才有可能打折，让顾客明白正常情况下不会打折，以此增强顾客的信心，让其能放心购买。

79 情景演练 顾客已经试了很多款，但不知道买哪一件

NO ✕ 错误应对示例

1. “您试的这件不是挺好的吗？”

高手指点 在没有了解顾客的想法之前，不要轻易替顾客做决定，一旦顾客不满意，很容易导致销售失败。

2. “您已经试了这么多，到底要买哪件呀？”

高手指点 不耐烦的语气会让顾客觉得很尴尬，有种指责顾客浪费自己时间的意味，容易引起顾客的不满。

3. “要不您再看看那边的款式，看有没有您喜欢的？”

高手指点 重新开始整个销售流程，不仅会让顾客觉得浪费时间，也会让销售的难度增加，更不利于成交。

WHY 深度情景解析

顾客不停地试穿衣服，说明其确实有购买需求，但迟迟做不出购买决定，可从以下两个方面来分析原因。

顾客方面

1. 对自己的判断缺乏信心
2. 需求不明确
3. 优柔寡断型的顾客

服装销售人员方面

1. 对顾客需求不了解，推荐的服装不符合顾客的要求
2. 没有全面介绍服装的优点
3. 没有针对顾客实际情况给出建议
4. 没主动要求成交

当遇到顾客迟迟做不出购买决定时，学会采取一些技巧，能帮助交易尽快达成。

01 不再推荐新服装

让顾客把注意力集中在其试穿过的服装上，不再介绍其他服装

02 把选择范围缩小

最好将选择范围限制在 3 种以内，或者比较一两件试穿过的衣服

03 注意留意顾客

细心留意顾客的行为（注视时间、询问次数、试穿次数）等

04 帮助顾客挑选

先不讨论成交问题，而是热情地帮顾客挑选颜色、款式

05 恰当的赞美

发自内心地赞美顾客，不要让人感觉是在奉承或带有目的性

YES √ 实战强化训练 1

服装销售人员：“姐，您刚才试过的这几件连衣裙，我觉得这款和那款您穿着都很合适，这款的特点是……（服装优点，适合顾客的理由）那款……您觉得呢？”

金牌技巧点拨

给顾客一些建议，同时缩小顾客的选择范围，这样更容易促进交易顺利完成。

YES √ 实战强化训练 2

（顾客又试穿了一款衣服）

服装销售人员：“不错，很好看！款式很好，尤其是领子，很别致，是这款服装的特色。颜色也非常适合您，时尚又不失稳重，与您优雅的气质简直是绝配啊！”

顾客：“有这么好吗？”

服装销售人员：“当然了，我看到很多人穿了都没有您穿得好看，这简直是为您量身定做的。”

顾客：“哪有你说得这么好！”（顾客笑着说）

服装销售人员：“我给您包起来吧？”

顾客：“真的要买吗？”（顾客有些犹豫）

服装销售人员：“当然了，您能忍受这么适合自己的衣服穿在别人身上吗？”

顾客：“好吧，那就要它了。”

金牌技巧点拨

首先恰当地赞美顾客，从衣服的特色到顾客自身的优点，让顾客处在一种愉悦的气氛中购物，增强其购买信心。

80 情景演练 顾客说：“我还是喜欢纯棉的，算了吧”

NO × 错误应对示例

1. “我们也有纯棉的，您可以再看看。”

高手指点 顾客只是对面料有顾虑，但对衣服的款式、颜色还是喜欢的，这样的应对方式就显得不合适了。

2. “我们的这个面料要比纯棉的更好呢！”

高手指点 属于很简单的应对方式，说服不了顾客，同时也有贬低顾客不识货的意味。

3. “纯棉的很容易缩水、起球，还不如我们这个呢！”

高手指点 顾客很明显对纯棉面料很认可，而这句话等于在否定顾客，会让其感觉不舒服。

WHY 一 深度情景解析

顾客既然看了这件衣服，还仔细研究了面料，说明是有购买想法的，但又以自己喜欢穿纯棉的衣服为由拒绝购买，一般有以下三种情况：

真实异议
- 顾客确实偏向于纯棉的衣服，出于购物习惯的问题
- 顾客属于敏感性皮肤，只能穿纯棉的衣服

找的借口
- 想多转转，看看还有没有更好的，不想马上做决定
- 接受了服装销售人员的服务，不好直接离开，所以找个借口

为了压价
- 不好意思直接砍价，找个借口让服装销售人员主动降价
- 为了试探服装销售人员的口风

当面对顾客的购买疑虑时，服装销售人员要以专业、自信的表现和真诚的态度对待顾客，帮助顾客解决问题，增强顾客的购买信心。同时，要学会转移顾客的关注点，例如，“我很理解您，同时……”“我明白您的疑虑，但是……”等，这样可以避免跟顾客发生争执，从而有效地化解顾客的疑虑。

YES √ 实战强化训练 1

服装销售人员：“我理解您的想法，纯棉的衣服透气性好，而且吸汗，夏天穿起来比较舒服。您现在拿的这件衣服，虽然不是100%纯棉的，但它的优点不亚于纯棉的材质，现在很多顾客都喜欢‘棉+××’的面料，因为这种面料……（面料优点）所以，您完全不用担心穿上不舒服。况且衣服一定要试穿一下才知道好不好，您先试试吧。”

金牌技巧点拨

首先对顾客的想法表示理解，然后向顾客阐述该款服装面料的优点，引导其转变之前的观念。

YES √ 实战强化训练 2

服装销售人员：“是啊，现在大部分人都喜欢穿纯棉的，纯棉的透气性好，尤其是在夏天，穿着更舒服，所以我们也在这款衣服里加了××%的纯棉成分，穿起来和纯棉一样舒适，您不用担心。而且，这款衣服还有××成分，使衣服更容易打理，不会像100%纯棉的一样容易缩水、起皱。姐，我建议您穿上试试，您亲自感受一下就知道了，试衣间在这边。”

金牌技巧点拨

首先肯定顾客的观点，同时向顾客介绍这款服装面料的特性，既能满足顾客的要求，又能让顾客打理起来更加方便，无形之中转变了顾客的想法。

81 情景演练 顾客喜欢这款衣服，但同伴说不好看

NO × 错误应对示例

1. “怎么会不好看呢，搭配得很有特色啊。”

高手指点 没有多大的说服力，直接与顾客同伴站在了对立的一面，不利于销售的顺利进行。

2. “不是啊，这款服装卖得特别好。”

高手指点 有点儿暗讽顾客的同伴没眼光的意味，会让两个人的心情都不好，销售成交的可能性不大。

3. “只要您自己喜欢就行了，不是吗？”

高手指点 直接略过顾客同伴的意见，会使顾客同伴对自己的印象不好，顾客同伴可能会一直向顾客强调服装的瑕疵，让其放弃购买。

WHY 深度情景解析

大多数人购物往往都是结伴而行，跟好友或者家人一起逛街，互相也能参谋一下，所以顾客最终能否实现购买，服装销售人员对于其同伴的意见也应该给予重视。而且，陪同购物的人数越多，销售成功的难度就越大。每个人的审美和喜好都是有差别的，顾客喜欢的衣服，其同伴不一定喜欢，或者出于对朋友的关爱，同伴会提出一些建议，这是非常正常的现象，也是服装销售人员经常会遇到的一种情况。

顾客同伴提出的反对意见，服装销售人员要学会摆正心态，将反对转变为赞同，用赞美等方式拉拢顾客同伴，使其与我们站在同一战线上，获得其同伴的支持，促进成交。

要想发挥顾客同伴的积极作用，服装销售人员要做到以下两点：

要重视顾客同伴

服装销售人员对顾客及其同伴要一视同仁，热情接待，同时可通过赞美、征询同伴意见等方法让同伴感受到自己是被尊重和重视的，将顾客同伴拉为我们的“合伙人”，一起为顾客推荐衣服

让顾客与同伴相互施压

当顾客很喜欢这款衣服时，服装销售人员可以说：“您朋友真了解您，她给您推荐的衣服穿您身上真是太合适了”或“先生，看您女朋友应该很喜欢这件衣服”

YES √ 实战强化训练 1

（对顾客同伴）

服装销售人员：“美女，您对您的朋友真是用心，有您这样的朋友真好。请问一下，您是觉得衣服哪里不合适呢？您可以跟我说，我们一起给您朋友提提建议，帮她找到一件更合适的衣服。”

金牌技巧点拨

首先赞美顾客的同伴，然后引导其说出自己的观点，以便让接下来的推荐更容易成功。

YES √ 实战强化训练 2

服装销售人员（对顾客）：“您有这么好的朋友帮您参谋真好！”（对顾客同伴）“您说得没错，不过这款衣服还有其他的颜色，而且有类似款式的，咱们一起给您的朋友挑件最合适的，怎么样？”

金牌技巧点拨

首先赞美顾客及其同伴，让气氛变得融洽一些，然后适时地将顾客同伴拉拢到自己这边。

YES √ 实战强化训练 3

服装销售人员（对顾客）：“真羡慕您能有这么好的朋友，能周末一起逛街。”（对顾客同伴）“您一定非常了解她，请问一下，您看您朋友适合哪种款式呢？咱们也好一起给她挑件满意的衣服。”

金牌技巧点拨

首先对顾客和其同伴的友情表示肯定，然后从顾客同伴口中得知顾客的喜好，更有利于下一步的服装推荐。

82 情景演练 顾客说："衣服不错，但得跟老公商量一下"

NO ✗ 错误应对示例

1. "那也行，等您商量好了再来吧。"

高手指点 消极的应对方式，拒绝了销售，顾客听到这句话可能会马上离开。

2. "您就相信我吧，这件衣服真的很适合您，您还商量什么呢？"

高手指点 语气太强势，很容易让顾客产生抵触心理，顾客只是想找个人肯定自己的眼光，销售人员的态度会让其打消购买的念头。

3. 看着顾客离开，不做挽留。

高手指点 这种应对方式同样很消极，服装销售人员没有采取任何行动来改变顾客的想法。

WHY 一 深度情景解析

俗话说："女为悦己者容。"很多女性顾客购买服装，就是想把自己打扮得更好看，能让自己的老公认同自己，因此她们希望买到的衣服能得到老公的肯定；也有一些顾客是因为在家没有财权，消费需要与对方商量一下；或者只是为自己找一个借口离开；又或许是成交的信号，想给服装销售人员施加压力，希望得到一些优惠。

因此，当遇到顾客说要回去和家人商量时，服装销售人员可以参考以下方法进行应对。

寻找原因 根据顾客的表现，及时找出顾客提出异议的真实原因，然后针对具体情况采取应对措施

给顾客压力	适当给顾客施加压力，如告诉顾客“就剩下最后一件了”“今天是促销最后一天了”“赠品限量”等，但要注意压力不能过大，否则容易让顾客产生厌烦的心理，但也不能太小，否则起不到作用
陈述利益	将马上购买能够得到的利益说给顾客，然后将买与不买的利弊向顾客陈述清楚，让其自己权衡，以促进交易的顺利达成
给顾客面子	顾客说回去商量一下是很正常的情况，服装销售人员要给足顾客面子，否则即使顾客很喜欢这件衣服，也不会回来购买的
留个好印象	要给顾客留个好印象，同时在顾客离店前再次陈述服装的卖点，给其留下深刻的印象，这样顾客回来购买的可能性会更高

在解决了顾客的异议之后，服装销售人员要根据情况采取以下应对措施。

应对措施	使用说明	使用时机
利弊成交法	利用自己熟悉服装的优势，帮助顾客分析利弊、权衡购买，强调服装的独特优势，打消顾客的疑虑	当顾客一直犹豫买还是不买时，服装销售人员要把买与不买的利弊跟顾客陈述清楚，让其自己权衡
直接成交法	以提问的方式主动向顾客提出成交的请求，促使顾客购买	顾客有明确的购买意向；老顾客购买；顾客对服装有好感，但犹豫不决
异议成交法	在处理顾客异议的同时，找机会提出成交的请求	如果顾客提出的异议正是其不愿意购买的原因，那么消除这个异议之后，就可以有效地促进交易

YES √ 实战强化训练 1

服装销售人员：“我完全理解您的想法，毕竟现在赚钱都不容易，钱要花在刀刃上。姐，不如这样吧，我再给您介绍几款适合您的衣服，您可以再试试，多看看，比较一下，这样跟您老公商量时也能有更多的选择。”

金牌技巧点拨

想办法延长顾客的停留时间，然后借机了解顾客的真实想法和喜好等，同时建立顾客对服装销售人员的信任。

实战强化训练 2

服装销售人员：“姐，能看得出来，您很喜欢这件衣服，而且我觉得这件衣服非常适合您，这款式和颜色显得您更加年轻、漂亮了。我可以理解您想跟老公商量一下的想法，只是我担心自己有表达不清楚的地方，所以想请教您，您主要考虑衣服的哪些方面呢？是颜色、款式，还是价格？”（微笑看着顾客，等待其说出顾虑，然后可以就此解释说明，打消顾客的疑虑，引导成交）

“姐，您看，您刚才提出的问题我是否解释清楚了？（如果顾客点头、微笑示意或者沉默，就可以马上请求成交）那我马上给您包起来，还是您直接穿回去，给您老公一个惊喜？”

金牌技巧点拨

首先对顾客的想法表示理解，然后探询顾客主要考虑的因素，在解决其疑虑后马上提出成交的请求。

实战强化训练 3

（如果经过一番劝导后，顾客仍然坚持回去商量，服装销售人员一定不要强留顾客，而应该争取给顾客留下一个好印象）

服装销售人员：“好的，姐，我完全理解您，不过这件衣服真的很适合您，和您的身材、气质都很相配，您看这款式是……（介绍服装优势，刺激顾客的购买欲望）难得您遇到一件这么满意的衣服。这样吧，这款衣服目前就剩下3件了，我给您暂时留出来一件吧，因为我真希望您能穿上它，要不然实在太可惜了！”

金牌技巧点拨

把服装的优点进行汇总，刺激顾客的购买欲望，同时提出要给顾客留一件，给其留下一个好印象。

83 情景演练 顾客说：“不能水洗，太麻烦了，不要了”

NO ✕ 错误应对示例

1. “现在好一点儿的衣服都得干洗，其实没什么麻烦的。”

高手指点 话语的重点没有触及顾客的想法，很容易让顾客不满，销售可能很难完成。

2. “一年才洗几次啊，不会很麻烦的！”

高手指点 没有考虑到顾客真正的想法，反而有些敷衍了事，顾客仍然不会轻易购买。

3. “那要不您看看其他款吧，有不用干洗的。”

高手指点 错误地附和顾客的观点，直接放弃引导顾客成交的机会，没有为转变顾客的观点做任何努力。

WHY 深度情景解析

顾客喜欢一件衣服，但又觉得衣服不能水洗，打理起来很麻烦，可能有以下三种原因。

三种原因

- 顾客确实嫌麻烦，因为还得去干洗店清洗
- 干洗的费用太高，顾客觉得有支付压力
- 决定购买后又后悔了，想放弃之前做的购买决定

当顾客觉得衣服不能水洗太麻烦时，首先要承认顾客的观点，然后打消顾客的疑虑，或者可以向顾客推荐类似的款式但可以水洗的服装，解决顾客的问题，最后根据顾客的肢体表现、面部表情，揣摩顾客的心理，服装销售人员可以采用“优惠让步法”快速达成交易。

优惠让步法，是指服装销售人员通过提供某种优惠条件，如降价、送赠

品、售后服务等，尽快完成交易的方法。它利用了顾客想要获得更大利益的心理，实行让利销售，促成交易实现。

优惠让步法

使用的时机

当顾客对服装满意，但仍然犹豫不决时，服装销售人员可在规定允许的情况下使用此方法鼓励顾客购买

优点

利用顾客追求优惠的心理吸引顾客，营造良好的销售氛围，提高销售成交率；尤其对于滞销品，能有效减轻库存压力

缺点

会让顾客觉得优惠的服装是残次品，不放心服装品质，从而放弃购买。因此，服装销售人员在运用此法时要把握让利的尺度

YES √ 实战强化训练 1

服装销售人员：“是，每次都需要送去干洗，想想确实挺麻烦的。不过现在的干洗店很多，您出门买个东西也顺便就送去了，也不用专程去。而且现在很多干洗店都提供上门取衣、送衣的服务，只要一个电话就搞定了，很方便的，您觉得呢？”

金牌技巧点拨

首先承认顾客的观点，然后向顾客说明干洗也很容易，打消顾客嫌麻烦的顾虑。

YES √ 实战强化训练 2

服装销售人员：“我很理解您的想法，现在大家都比较忙，有点儿时间都想休息一下，所以很多人都喜欢买打理起来方便、简单的衣服。我建议您再看看我们那边几款与这个风格相近但面料不同的衣服，既方便打理又好看。您到这边来，这几款应该都符合您的要求，您可以试试看。”

金牌技巧点拨

首先认同顾客的想法，并向顾客推荐风格款式相近的其他面料的服装，以满足顾客的要求。

YES √ 实战强化训练 3

服装销售人员："就像您说的，送去干洗确实有些麻烦，不过为了保证穿着效果，现在很多质量不错的衣服几乎都会要求干洗。其实想想也不算很麻烦的事，您想，要是衣服换着穿，一个季度下来也洗不了几次。姐，您衣服穿着好看，大家都会夸您的，这点儿小麻烦算什么呢……"

（如果顾客还是坚持之前的观点，说明顾客可能确实觉得有支付压力。这时，服装销售人员也不要轻易放弃，想办法帮助顾客解决问题）

A. "姐，现在很多干洗店都有会员服务的，您可以在您附近办张会员卡，这样每次洗衣服还能享受优惠，一年其实也没多少钱。（顾客点头）那我给您包起来吧？"

B. "姐，要不这样行吗？我在之前的价格上再给您优惠 40 元，算是给您去干洗的一些补偿，谁让这件衣服这么适合您呢！我也和您交个朋友，以后您也帮我们宣传一下，多带朋友来看看，（如果顾客点头）那我给您包起来吧？"

金牌技巧点拨

首先对顾客的想法表示理解，然后向顾客强调干洗其实没那么麻烦，或者适当做出一些价格上的让步以安抚顾客。

84 情景演练 顾客说："其他的还满意，就怕面料不舒服"

NO × 错误应对示例

1. "这款衣服我们卖得非常火，从来没有人提出过这种问题。"

高手指点 将顾客孤立起来，有一种在说顾客很另类的意味，很容易引起顾客的反感。

2. "不会的，这面料是进口的，穿上很舒服。"

高手指点 销售人员应对面料的材质进行解释，而不能只是随口说说，这类话很容易使有购买意向的顾客放弃购买。

3. "这面料是纯棉的，怎么会不舒服呢？"

高手指点 直接无视顾客的异议，容易引起顾客的不满，而且这句话也没有任何说服力。

WHY 一 深度情景解析

顾客害怕面料穿上不舒服，说明顾客很在意衣服的面料以及衣服穿上后的舒适度。顾客既然对衣服的其他方面都比较满意，说明这个顾客是有成交机会的。此时要想交易成功，服装销售人员就要想办法将顾客担心的问题解决，说服对方购买这款服装。

没有一件衣服是能迎合所有人的口味的。顾客往往对服装提出的异议，分别是有疑虑、有误解和有问题这三种态度，服装销售人员要根据具体情况，针对不同的异议采取不同的应对措施。

应对措施	具体应用	使用要点
消除疑虑	顾客对服装存有疑虑，说明顾客需要有力的证据，因此服装销售人员最好能提供相关的资料证明服装质量确实如自己所说的那样，让顾客放心购买	证明材料要根据顾客所怀疑的特征和利益出发，必须是能消除顾客疑虑的证据
克服误解	误解是因为顾客对服装还不够了解，服装销售人员要通过询问、说明、展示等方式，向顾客解释清楚，避免误解	让顾客提出哪个方面不清楚，尽量完整、全面地叙述
面对问题	如果所销售的服装确实有问题，服装销售人员要坦率地承认，并且转移顾客的关注点，强调服装带给顾客的利益	与顾客坦诚相待，承认服装的缺点，强调利益，激发顾客的购买欲望

服装销售人员在销售过程中也要注意观察顾客的神态举止，例如，顾客虽然嘴上说衣服有缺点，脸上却流露出很喜欢的表情，此时服装销售人员要主动出击，促成交易。

顾客流露出的表情信号往往有以下几种。

1. 情感开始由冷漠、深沉、怀疑变为亲切、自然、随和
2. 流露出比较兴奋的神情，一直在盯着服装反复观察
3. 眼睛发亮，瞳孔开始放大，脸上露出开心的神情

4 顾客开始由沉思变为放松、友好

5 身体稍向前倾，并开始频频点头，显得很有兴趣的样子

6 紧锁的双眉打开，面部露出友善又自然的微笑

顾客通过面部表情发出的成交信号一般都比较微妙，服装销售人员要多注意观察，及时发现并抓住这些信号。

YES √ 实战强化训练 1

服装销售人员：“美女，您真有眼光，一眼就能看出它的与众不同。这款衣服用的面料是进口的××面料，就是为了保证人们在穿着的时候更加舒适，这种面料的优点在于……（介绍面料的好处，改变顾客想法），您好不容易遇到这么合适的衣服，千万不要错过，我给您包起来吧？”

金牌技巧点拨

首先适当地恭维顾客，然后将面料的好处详细地说给顾客听，努力促使交易达成。

YES √ 实战强化训练 2

服装销售人员：“女士，请问您穿着感觉哪里不舒服呢？（引导顾客把疑虑说明白些）……，您真是好眼力啊，这个地方是根据人体特征特意添加的耐磨面料，您穿上它可以随意活动，不用担心会被磨破。……我给您包起来吧？”

金牌技巧点拨

首先询问顾客有什么问题，然后从设计及面料的角度来消除顾客的疑惑，激发其购买欲望。

第八章

Chapter 08

维护顾客关系情景口才训练与实战技巧

销售口才

顾客购买了服装，并不代表销售的结束，其实从某种意义上说，这才是销售真正的开始。原一平曾说过：“销售前的再多奉承，也不如销售后的周到服务。”销售想让顾客100%满意，交易后的谈话是非常必要的，这对提高顾客忠诚度和促使顾客再次购买都有着至关重要的作用。

85 情景演练 顾客说："会员卡的优惠力度小，没那家大"

NO ✗ 错误应对示例

1. "这优惠力度还小啊？您还觉得还不够吗？"

高手指点 好像是在指责顾客贪婪，非常容易引起顾客的反感。

2. "这已经不小了！我们给您打九折，而且还送您双倍积分呢！"

高手指点 直接反驳顾客很容易破坏已经营造的沟通气氛，有可能导致销售不能顺利完成。

3. "不会的，那家店我也知道，折扣没我们的高呢。"

高手指点 不能直接驳斥顾客，即使顾客说的不是事实也不能明说，否则很容易让顾客尴尬。

WHY 一 深度情景解析

会员卡是服装店经常采用的一种促销工具。服装店利用这些卡可以起到吸引新顾客、留住老顾客、维护顾客关系的作用，还能实现打折、积分等功能。但顾客在使用这类卡购物时，经常会对会员卡的优惠力度有所不满。

其实，这也是很正常的一种现象，因为顾客觉得商家的利润很大，嫌自己得到的优惠不够。顾客抱怨并不是因为他们真的在意，而是一种习惯。因此，服装销售人员也无须太过认真计较，只需要跟顾客表示会将顾客的意见反映上去，让顾客感受到你对其意见的重视即可。

而且，服装店的优惠往往表现在很多方面，例如服装的定价，店内的打折、送赠品等活动，会员卡的优惠

力度大并不代表服装一定很实惠。服装销售人员如果对顾客所说的服装店比较了解，也可反驳顾客的话，或者用其他活动来证明本店的优惠力度并不低，但语气一定要委婉，不能让顾客感到尴尬，而且要对那家服装店确实了解，确保自己的话是有依据的。但一般情况下建议少用这种方法，因为顾客用来对比的依据经常是道听途说的，或者是为了达到优惠的目的随便说说，如果反驳顾客反而容易让对方尴尬。

YES √ 实战强化训练 1

服装销售人员：“美女，您说得没错，我们会员卡的折扣力度确实没有他们的大，但这是有原因的。您知道我们这个店的衣服定价本来就低，也没有多少利润，而且我们给的积分也比他们的多，您可以用这些参加抽奖，得到的奖品也不止那点儿钱了，您说呢？”

金牌技巧点拨

首先承认顾客的观点，然后再向顾客委婉地说明情况，以此说服顾客，适用于我们对顾客用来对比的另外一家店铺比较了解的情况。

YES √ 实战强化训练 2

服装销售人员：“美女，非常感谢您提出的宝贵意见，我一定将您的意见反馈给公司。像您这样的老顾客，我们一定会特别优待的，即使不能在具体的价格上给您优惠，但会增加一些服务项目，像一些积分、赠品什么的，希望您能继续关注我们的店铺，再次谢谢您提出的意见。”

金牌技巧点拨

首先对顾客提出的意见表示感谢，然后表示会反映给公司，侧面说明顾客对于公司的重要性，从而有效化解顾客的抱怨。

86 情景演练 顾客说：“你给我换件全新包装的”

NO × 错误应对示例

1. “这已经是最后一件了，要不您再看看别的款式吧？”

高手指点 顾客并没有说如果没有新包装就不买了这类的话，就不要让顾客再去挑选别的款式了，这等于服装销售人员自己拒绝了顾客的购买。

2. “这件就是新拿出来的，为什么还要我换呢？”

高手指点 即使是这样，也不能和顾客产生争执，这样只会把简单的事情变得复杂。

3. “您不要这么挑剔了，这件您试过的，您就拿这件好了。”

高手指点 直接指责顾客，很容易引起双方的争吵，本来很简单就能解决的事情变得更加复杂了。

WHY 一 深度情景解析

有些顾客在购买服装时，明明看着服装销售人员打开新包装取出衣服，试穿之后却非得要求服装销售人员更换新的服装。

其实我们每个人在购物时都或多或少地存在这样的心理，觉得服装的包装打开之后就不够新了，总是希望能买一件包装完好的全新的衣服回家。因此，服装销售人员要理解顾客的这种心理，当顾客提出这一要求时，要积极去帮其更换未开封的服装。

如果店里实在没有全新包装的服装了，服装销售人员要将“最后一件”作为卖点，强调该款服装的畅销性，从而吸引顾客购买。

YES √ 实战强化训练 1

服装销售人员：“好的，女士，那您稍等一下，我马上给您拿一件全新的。”

金牌技巧点拨

顾客的这种要求很正常，不要觉得顾客很挑剔，要尽量满足顾客的要求。

YES √ 实战强化训练 2

服装销售人员：“真的非常抱歉，先生，这款衣服卖得非常快，您这个尺码刚好是最后一件了，您要是再晚来点儿就买不到了。不过这件也是刚拆开的包装，没有被试穿过，是全新的。您喜欢的话，我就给您包上吧？”

金牌技巧点拨

当店里已经没有全新包装的服装时，服装销售人员可以将“最后一件”作为服装的卖点，以吸引顾客购买。

87 情景演练 顾客说：“请问我去哪里付款呢”

NO × 错误应对示例

1. “从这边一直走就是，不过排队的人应该很多，您就先等会儿吧！”

高手指点 当付款的人很多时，服装销售人员要注意分散顾客的注意力，向其强调人多只会让顾客更加不耐烦。

2. “太好了！您终于决定要买了，那您赶紧去付款吧，从这边一直走就到了。”

高手指点 表现得过于高兴了，顾客会觉得自己上当了，没准之后会后悔自己的购买决定。

3. “您从这边过去，然后往右拐，再左拐，一直往前走就看到了。”

高手指点 表述太模糊了，顾客仍然不知道该怎么走，容易让顾客迷路，延长付款时间。

WHY — 深度情景解析

在解决了所有的顾虑之后，顾客终于决定要买下某件衣服。这时，服装销售人员要尽快指引顾客去指定的地方付款，只有顺利付款才是销售的结束。顾客在付款途中还可能因为以下三个原因反悔。

三个原因

1. 服装销售人员表现得过于高兴，顾客觉得被欺骗了
2. 付款手续太繁杂或者队伍太长，顾客失去耐心
3. 支付压力过大，在付款的途中反悔

其实，从决定购买到付款的这段时间，顾客的内心斗争仍然很激烈。尤其是较大的支付压力很可能让顾客突然放弃，所以服装销售人员要引导顾客尽快完成付款手续。如果情况允许，服装销售人员有空闲时间的话应积极带顾客去收银台付款，一是可以保证及时付款，二是防止顾客在途中被其他衣服吸引而放弃购买。在给顾客指路时，服装销售人员一定要将路线表述清楚。

在顾客决定购买之后，也不要表现得过于高兴，以免让顾客误会，以为自己吃了亏。如果遇到排队付款，服装销售人员可向顾客解释是卖场生意太好的原因，增强顾客的购买信心，并想办法分散顾客的注意力，避免顾客因为不耐烦而放弃购买。

YES ✓ 实战强化训练 1

服装销售人员：“我们的收款台在这边，来，我带您过去吧！”

金牌技巧点拨

如果服装销售人员有空闲的时间，可以直接带顾客去付款，这样不容易出现反悔的情况。

YES ✓ 实战强化训练 2

服装销售人员：“姐，您从这条过道往前走，在第二个交叉口左拐，然后一直往前走 10 米左右就可以看到收银台了。”

金牌技巧点拨

在给顾客指路时，服装销售人员的表述一定要清晰、明确，让顾客一听就知道收银台在哪。

YES √ 实战强化训练 3

服装销售人员：“您从这边往前走，大概 30 米就能看到了。我们商场最近在搞促销，力度非常大，大家都在疯狂抢购，所以排队付款的人比较多，麻烦您耐心等待一会儿，非常不好意思！这有本时尚杂志，您排队时可以随便翻翻，打发一下时间吧！”

金牌技巧点拨

如果遇到付款排队较长的情况，服装销售人员可以跟顾客说明卖场生意的火爆，避免顾客因为等待付款时间过长而放弃购买。

88 情景演练 顾客不愿意留下资料成为会员

NO × 错误应对示例

1. “好的，请您慢走。”

高手指点 应对方式很消极，没有做任何努力就直接放弃顾客，这不是一个优秀的服装销售人员应该做的。

2. “请您等一下，您为什么不想办我们的会员卡呢？有了它您下次购物会优惠很多，而且每天我们都会发促销信息到您手机上，您看下就知道您有什么需要买的，很方便。”

高手指点 也许顾客不留资料的原因就是讨厌这些促销信息，觉得经常删除垃圾短信会很麻烦，再这么一说，顾客显然更不会留了。

3. “爱办不办吧！”

高手指点 这种说话方式非常不礼貌，服务态度有问题，很容易让顾客生气，甚至发生争执。

WHY 一 深度情景解析

大部分的服装店都有办理会员卡的服务，但很多顾客会拒绝留下资料成为会员，他们拒绝的原因基本可分为以下三种：

怕被骚扰

顾客担心留下自己的个人资料后，会经常收到一些促销广告，这是最普遍的一个原因。

怕被泄密

顾客担心服装店会将顾客的信息转卖给其他商家而受到更多的骚扰，甚至对个人安全产生威胁。

不耐烦

顾客觉得自己以后不会再来这家服装店了，认为服装店优惠力度小，没有吸引力或者在店里受到不好的接待。

所以，服装销售人员遇到顾客拒绝登记资料时，就要从以上三个方面化解顾客担忧，帮助顾客建立对我们的信心。当遭到顾客拒绝时，要站在顾客的角度思考问题，理解顾客的行为，同时询问顾客不愿意登记的具体原因，想办法解决其疑虑。

在向顾客介绍会员卡的优点时，很多服装销售人员会强调在促销时联系顾客，但其实大部分的顾客都很反感这种行为，所以服装店最好让顾客选择是否接受此项服务。

YES ✓ 实战强化训练 1

服装销售人员：“先生，请您稍等一下！我们的会员卡只有在购物满 2000 元的情况下才可以办理的，您为什么要放弃这个机会呢？”

金牌技巧点拨

首先告诉顾客会员卡办理的门槛限制，让顾客明白会员卡不是谁都可以办的，然后询问顾客放弃办卡的具体原因，并根据具体情况灵活应对。

YES √ 实战强化训练 2

服装销售人员：“美女，请您留步！我觉得您放弃这个机会太可惜了，我们的会员卡确实非常实惠，我给您简单介绍一下，就占用您一分钟的时间，好吗？（在顾客同意后开始介绍）我们这个品牌的服装是全国连锁的，您在我们店里办理了会员卡之后，在任意一家分店都能享受优惠，有时甚至可享受低至五折的折扣，还有大量积分参与抽奖活动。我们会将每期的促销信息发到您的手机上，如果您有满意的服装，可以到店选购。当然，这个服务您也可以不选择，有的顾客就不喜欢接收这类信息。另外，您可以放心，我们的顾客信息都是保密的，不会泄露出去的，我们非常重视保护顾客的私人信息。”

金牌技巧点拨

首先请顾客留步，然后请求顾客给自己一分钟的时间向其做有关会员卡的介绍，得到顾客的允许后，详细介绍会员卡带来的利益，并保证个人资料不外泄，让顾客放心地办理会员卡。

89 情景演练 顾客说：“你帮我好好包装一下”

NO × 错误应对示例

1. “好，给您一个袋子吧，自己装一下。”

高手指点 有种在向顾客施舍的意思，容易引起顾客的不快，使本来能成交的生意泡汤。

2. “您就这样拿着吧，一件衣服也没多重。”

高手指点 服务水平不高，没有为顾客着想，会让顾客觉得生气，导致销售失败。

WHY — 深度情景解析

包装可以说是销售的最后一个环节，也是最能体现服装店服务质量的一个环节，这比销售前说一堆好话管用得多。因此，服装销售人员一定要帮助顾客包装好服装，尽量做到便捷、美观、牢固，在包装前要让顾客确认服装类别和数量是否正确，要以认真、负责的态度帮助顾客处理好这类小事，这会让顾客对店铺留下良好的印象。

在包装的过程中，有时会遇到一些特殊情况，如服装太多、店内的包装无法满足要求等，服装销售人员要积极帮助顾客解决，不要让顾客自己处理。

YES √ 实战强化训练 1

服装销售人员：“女士，您检查一下，是这三件服装吧？提着确实比较沉，我们店里这种袋子拎着手会比较疼，您稍等一下，我帮您想想办法。”

金牌技巧点拨

在遇到特殊情况时，要站在顾客的角度考虑问题，积极地帮助顾客出主意，寻找解决的办法。

YES √ 实战强化训练 2

服装销售人员：“好的，美女，您确认一下是这件连衣裙吗？我现在给您装在这个袋子里，您放心，绝对结实，而且拎着也很舒服。来，请您拿好！”

金牌技巧点拨

让顾客再次确认服装，并用积极、正面的语言让顾客感受我们的服务热情。

90 情景演练 顾客说：“该怎么保养，有什么注意事项吗”

NO × 错误应对示例

1. “没什么特别注意的地方，这种衣服很好打理的。”

高手指点

对于一些很容易打理的衣服，服装销售人员也要告诉顾客一些基本的保养注意事项。

2. “您拿好，请您慢走!”

高手指点 没有正面回应顾客的问题，不能充分体现出服装销售人员负责任的态度。

3. “这上边写着注意事项呢，您回家后自己看看。”

高手指点 顾客既然提出了问题，直接回答就好了，不要让顾客自己去摸索、搪塞顾客，这也会让顾客对我们的印象变差。

WHY 深度情景解析

顾客在做出购买决定后，就会了解一些关于服装售后的问题，例如，如何洗涤、保养等问题。也许有的顾客在与服装销售人员的沟通过程中就已经提出了这些问题，比如，在购买一些材质比较特殊的服装时，这些问题甚至会左右顾客的购买决策。

通常情况下，顾客会在付款后关心以下问题。

在穿着时需要注意什么问题

洗涤时要注意什么，是干洗还是水洗

关心的问题

该怎么保养？会不会变形、起球、褪色

衣服有问题怎么办？能不能退换货？该找谁处理

在顾客付款后，服装销售人员可以将一些关于服装的保养、洗涤等需要注意的事项总结一下，主动告诉顾客，体现出对顾客认真、负责的态度，也会让顾客对店铺有一个好的印象。

YES 实战强化训练 1

服装销售人员：“女士，回去以后如果发现有任何质量问题请尽快与我们联系，我们会按照‘三包’规定在自购买之日起 7 日内为您退货，15 日内可以为您换货。关于服装的穿着、保养等其他方面，您还有什么疑问吗？”

金牌技巧点拨

向顾客简单介绍了“三包”规定，让顾客放心，并主动询问顾客有没有其他想要了解的事项。

YES ✓ 实战强化训练 2

服装销售人员："先生，这件衣服是纯毛料的，您一定要注意不能用洗衣机水洗，否则衣服容易变形，您拿到干洗店干洗就可以了。还有要注意最好不要和摩擦系数高的衣服一起穿，这样会使衣服很容易起球。另外，您回家后再仔细检查一下，如果有什么质量问题请尽快与我们联系，我们将按照'三包'规定在购买 7 日内为您办理退货，15 日内为您换货。包装袋内有说明书，请您回家后阅读一下，有问题随时与我们联系，好吗？"

金牌技巧点拨

服装销售人员根据衣服面料，将需要重点注意的一些事项告诉顾客，并提醒其查看说明书，有问题随时联系，让顾客对店铺更加信任。

91 情景演练 顾客付完款，准备离开店铺

NO ✗ 错误应对示例

1. "谢谢光临，再见！"

高手指点 很多服装销售人员都这么说，这种送客的语言表达太一般了，不能对下次销售产生影响。

2. 没有理睬顾客。

高手指点 无论顾客最终有没有买衣服，服装销售人员都要热情送客，不能毫不理睬。

3. "您能买我们的服装是我们的荣幸，谢谢惠顾，再见！"

高手指点 完全没有必要表现得过于谦卑，这样反而让顾客小瞧店铺，认为购买的服装很不值。

WHY — 深度情景解析

有时候，送客比迎客还要重要。因为在顾客的心里，是他为店铺带来了

销售额，理应在进店时受到服装销售人员的热情接待。而在顾客离店时，顾客认为服装销售人员此时的表现才是最真实的，这时服装销售人员的热情、友好更容易获得顾客的好感。

服装销售人员在送客时要注意以下三点。

服装销售人员在为顾客提供服务时，服务态度要做到以下七点。

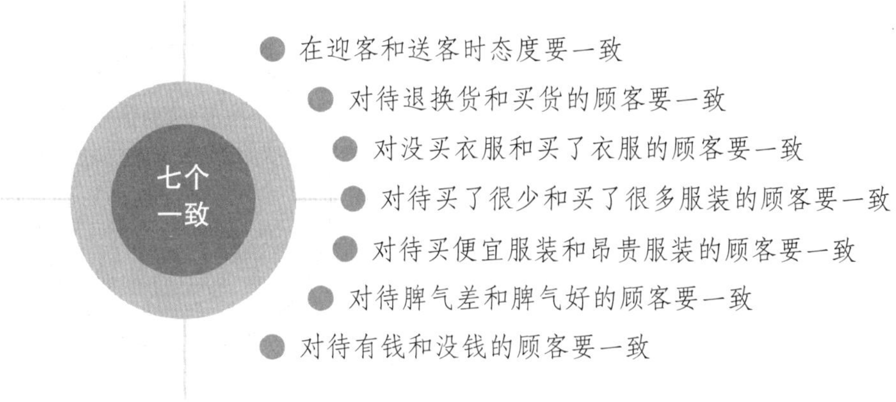

YES √ 实战强化训练 1

服装销售人员：“美女，这是您落在收银台的帽子，请您拿好，请慢走，感谢您光顾××服装店。”

金牌技巧点拨

要注意观察顾客是否有遗留下来的物品，如果有，应及时提醒并交还给顾客。

YES ✓ 实战强化训练 2

服装销售人员："先生，谢谢您光顾××服装店，欢迎下次再来，请您慢走！"

金牌技巧点拨

再次向顾客传达服装品牌信息，加深顾客对店铺的印象，也能增加顾客对我们的好感。

92 情景演练 给顾客发微信，顾客一直不回复

NO ✕ 错误应对示例

1. 再也不联系了，爱回不回。

高手指点 等于直接放弃了这位顾客，既然他已经在店铺里买过东西了，那就是宝贵的顾客资源，一定要好好维护。

2. "您能不能回复我一句啊？"

高手指点 顾客回不回复是顾客的自由，这样跟顾客说话很容易引起顾客的反感，还可能被其拉入黑名单。

3. 依旧坚持每天给顾客群发微信。

高手指点 如果过于频繁地联系顾客，会让其很反感。顾客只会在其有问题时，才会需要服装销售人员的帮助，而不希望销售人员过多地打扰自己的生活。

WHY — 深度情景解析

顾客在购买服装后，服装销售人员为了能继续维护与顾客的关系，往往会要求加个微信，顾客通常不会拒绝。他们在第一次买单后愿意添加服装销售人员的微信的目的往往是担心买回去的衣服出了问题，不知道该找谁解决，或者下次想买什么衣服的时候，能更方便地得到信息。这就说明顾客同意服装销售人员加其微信是为了方便在需要的时候找到我们，而不是让我们不断

地打扰对方。

服装销售人员在给顾客发微信时，顾客可能在想：“我想买衣服的时候自然会找你，麻烦你别打扰我……”但顾客没有说，只是以沉默的方式让你明白不要再给其发微信。

其实与顾客进行微信沟通时，并不是只有群发信息或者私聊等途径，还可以通过点赞和评论顾客的朋友圈以及成为顾客的粉丝和听众来维护客户关系。

实战强化训练 1

（在朋友圈看到顾客发了一张美美的自拍照，顾客肯定希望有更多的人来点赞和评论，这个时候服装销售人员就可以满足其这种渴求心理。）

服装销售人员：“美女，几天不见，你真是越来越漂亮了呢！”

金牌技巧点拨

每个人都渴望被关注和被赞美，点赞和评论不失为让顾客记住自己的一个好方法。

实战强化训练 2

（发现顾客身上有很厉害的优点，比如，顾客化妆很漂亮，特别会打扮。）

服装销售人员：“王女士，我刚刚把头发剪了，发了一张照片给您，您是我认识的最会打扮的朋友了，您看我这发型好不好看。”

金牌技巧点拨

当顾客有某方面特长的时候，他们就希望有粉丝和听众来“追捧”自己，而服装销售人员正好能满足其这种心理时，顾客自然会对服装销售人员产生好感。

第九章

Chapter 09

解决售后投诉情景口才训练与实战技巧

销售口才

根据一项调查数据显示，如果一个顾客不再光临某个店铺，按占比大小来分析可能的原因，最主要的分别是对产品不满意 14%、对服务不满意 68%。由此可知，顾客不再光顾一家店铺最主要的原因还是对产品和服务不满意，可见处理好顾客的投诉是多么重要。

93 情景演练 顾客说："刚买没几天就降价，赔我差价"

NO ✗ 错误应对示例

1. "我们没办法满足您的这个要求，衣服降价是很正常的事情啊!"

高手指点 这句话没有任何说服力，而且有指责顾客的意思，不仅不能平复顾客的怒气，还可能适得其反。

2. "这是不可能的，既然已经卖出去了，怎么可能给您赔差价呢？"

高手指点 顾客会觉得我们很不负责任，并认为自己受到了欺骗，会继续不依不饶地要求赔差价，双方很容易起争执，并且会使店铺的形象受损。

3. "这不是换季了嘛，那些春装全部都降价了呢!"

高手指点 这类话相当于火上浇油，会使顾客火气更盛，甚至会吵闹起来，因此应避免这类话脱口而出。

WHY 一 深度情景解析

服装店经常会因为断码、换季、促销等原因打折降价，老顾客就觉得自己被骗了，有这种想法的顾客可能有以下两种心态。

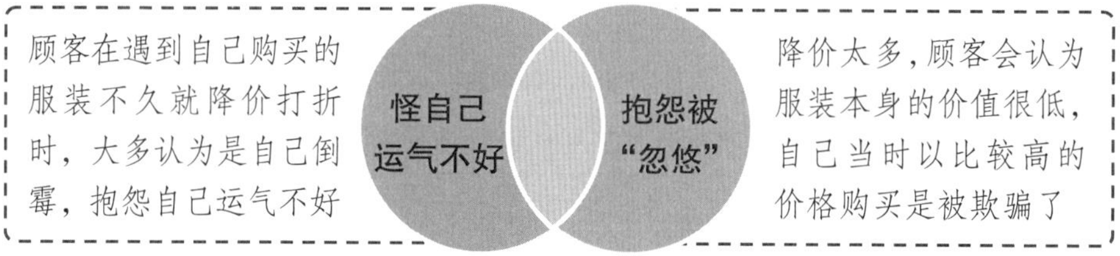

可见，此时顾客的心里非常不满，而且对服装销售人员也很不信任。但他们也明白补差价是不可能的，他们这么说是在发泄不满，以获取心理上的安慰。

因此，这种情况的解决方法是不和顾客争论赔差价的问题，而是设法让顾客的内心获得平衡。应首先告诉顾客服装降价的原因，然后强调顾客当时购买的优势，这样顾客就会获得心理上的安慰。

YES √ 实战强化训练 1

服装销售人员：“张女士，您看这款式多时尚啊！这种服装就是穿个时尚，您想想看，您刚穿出去的时候多潮啊，是不是很快吸引了别人的目光呢？可要是现在才买，穿出去都不觉得新鲜了，这价格自然就降下来了。”

> **金牌技巧点拨**
>
> 不与顾客争论是否应该赔差价的问题，而是强调早买的优势，让顾客理解降价的原因，从而得到心理上的安慰。

YES √ 实战强化训练 2

服装销售人员：“美女，我们这款裙子太受欢迎了，没多长时间这批货就快卖完了，现在尺码都不全了。要不是因为断码，这价格也降不下来。”

> **金牌技巧点拨**
>
> 要明确告诉顾客是因为断码才降价的，以此消除顾客的不满情绪，使其心理上获得平衡。

YES √ 实战强化训练 3

服装销售人员：“美女，您当时买这款连衣裙的时候刚刚入夏，那时候连衣裙正是旺季，这款又是今年的新款，时尚喇叭袖的设计，还是××明星同款，价格肯定不会低了。可您看现在马上要秋天了，所以我们赔本也得卖啊，不然真要放到明年了！这连衣裙您穿了一个夏天，很多人都夸您吧，这还亏吗？”

> **金牌技巧点拨**
>
> 告诉顾客服装是因为要换季才降价的，然后向顾客强调服装的优点以及给其带来的利益，消除顾客的不满情绪。

94 情景演练 顾客说："衣服这么贵，按要求洗还褪色"

NO ✕ 错误应对示例

1. "只要正常洗应该是不会褪色的，您是怎么洗的？"

高手指点 不问缘由直接把责任推给顾客，容易引起双方的争吵。

2. "这属于正常情况。"

高手指点 没有任何说服力，顾客想要的是合理的解释和解决的办法，这明显是在敷衍顾客，容易让顾客不满。

3. "无论多贵的衣服都会褪色，那边有条牛仔裤 1000 多元，照样会褪色。"

高手指点 这句话没有说服力，不能帮助顾客解决问题，顾客会想既然这么贵的衣服都会褪色，还不如买便宜的。

WHY 一 深度情景解析

在顾客的心里，服装质量应该与价格成正比。他们认为像褪色、起球、变形、缩水等常见的问题不会在高价的衣服上出现，但因为服装的材质、面料、保养方法等因素，这些小问题或多或少地会在不同价格的服装上出现。很多顾客觉得既然是花高价买的，就不应该出现这些问题，所以会觉得服装质量有问题，甚至觉得自己受到了欺骗。

当遇到这类顾客时，服装销售人员要热情、真诚地对待顾客，站在顾客的角度上思考问题，耐心地询问顾客，不能随便敷衍顾客。在了解原因之后，如果是顾客穿着不仔细造成的，应向顾客解释清楚；如果是我们的责任，要积极寻找让顾客满意的解决方法。

处理顾客的投诉问题，要注意不能找借口拖延时间。顾客最反感的就是商家以各种借口拖延时间，消磨顾客的耐心，因此服装销售人员一定要避免这一行为，要在最短的时间内发现问题、解决问题，并随时和顾客保持联系。

YES √ 实战强化训练 1

顾客：“这件衣服我是完全按要求洗的，怎么掉色还是这么严重？”

服装销售人员：“这么大老远的还让您跑一趟，真是不好意思。来，您先坐下喝杯水。”

服装销售人员：“女士，是这样的，为了让色彩看起来更好看，我们这款牛仔裤采用了一种特殊的染色技术，所以洗涤时会有轻微的褪色。我刚才检查过您的牛仔裤了，这个是在质保标准范围内的，所以您放心，这属于正常现象。您看，这裤子看起来是不是更自然一些了？我们设计时已经考虑到这一点了。”

金牌技巧点拨

向顾客耐心解释衣服的褪色属于正常现象，在规定的质保标准范围内，适用于一些经过简单测试就能确保是正常现象的服装。

YES √ 实战强化训练 2

服装销售人员：“啊，那可真是太糟糕了！不过您先别着急，如果是我们衣服的问题，我们一定会负责到底。来，您先坐下喝杯水。”

（先安抚顾客焦躁的情绪）

顾客：“谢谢。”

服装销售人员：“姐，您能告诉我掉色的情况是怎么发生的吗？”

（待顾客的情绪稳定下来后，请顾客说出问题发生的具体情况）

顾客：“……”

服装销售人员：“非常感谢您告诉我这个情况，我马上给售后服务部打电话。”

服装销售人员：“不好意思，姐，您久等了。我刚刚跟售后服务部经理联系了，他让我传达对您的歉意，并同意马上给您换一件。来，您看看喜欢什么款式呢？”

金牌技巧点拨

首先对顾客反映问题表示感谢，然后表示会马上处理，如果测试结果确实是质量问题，可引导顾客换货。

95 情景演练 顾客说："卖的时候热情，出问题没人管了"

NO ✕ 错误应对示例

1. "这种情况肯定不是我们的问题，应该是您的使用方法不对。"

高手指点 直接把责任推给顾客，很容易引起双方的争吵，完全不能解决问题。

2. "这不是我们的错，我也帮不了您。"

高手指点 明显在推卸责任，即使真的不是我们的错，也有义务积极地帮助顾客解决问题。

3. "这是厂家的问题，您直接跟他们联系吧。"

高手指点 如果是厂家的问题，服装销售人员应积极帮助顾客与厂家取得联系，而不是推诿责任，无所作为。

WHY 一 深度情景解析

顾客非常讨厌服装出了问题后没人负责的情况，他们希望有人能帮助他们解决问题。如果这时候服装销售人员还在推卸责任，势必会引起顾客的强烈不满。因为服装出了问题，既浪费顾客的时间，也影响顾客的心情。如果顾客在寻求售后服务的过程中得不到应有的帮助，其内心的愤怒可想而知。

当顾客上门寻求售后服务时，服装销售人员可以参考以下方法来应对。

热情接待 要热情接待上门寻求售后服务的顾客。销售过程中对顾客太热情可能会让顾客产生不好的感受，但售后服务对顾客越热情，越容易让顾客满意。

安抚顾客	首先要安抚顾客情绪，并表示一定会对售出的服装负责到底，让顾客放心，这样做既能让顾客配合工作，也对解决问题、得到顾客理解起到很大的帮助。
处理问题	在顾客得到安抚，情绪稳定下来之后，开始调查出现问题的原因，然后站在顾客的角度拿出解决问题的方案。

服装销售人员在处理顾客的投诉过程中，要站在顾客的角度考虑，要明白自己工作的目的是让顾客满意，即使不是自己的责任，也要积极帮助顾客与负责单位取得联系，有效地解决问题，推卸责任是处理顾客投诉的大忌。

YES ✓ 实战强化训练 1

服装销售人员：“女士，这么热的天还让您跑来跑去真是不好意思，您放心，我们一定会对售出的服装负责到底的。您这件衣服的情况比较特殊，不过您不要着急，先坐这儿休息一下，我与厂家联系，看看能不能争取给您换一件，好吗？”

金牌技巧点拨

首先热情接待顾客并安抚顾客情绪，然后积极帮助顾客与相关负责部门取得联系，帮助其解决问题。

YES ✓ 实战强化训练 2

服装销售人员：“美女，您放心，我们一定会对售出的服装负责到底的。我现在就帮您处理，您先别着急，坐在这里休息一下，我先了解一下情况，您能说一下具体发生了什么事吗？”

金牌技巧点拨

首先安抚顾客情绪，并表示会对售出的服装负责到底，然后向顾客询问详细情况，帮助顾客解决问题。

96 情景演练 顾客说："上次买的毛衣缩水还起球，真烦"

NO × 错误应对示例

1. "非常抱歉，这个我也没有办法。"

高手指点 完全没有要帮助顾客解决问题的态度，不能平复顾客的不满情绪，还可能引发顾客更多的不满。

2. "不能啊，那一定是因为您的洗涤方法不正确导致的。"

高手指点 没有了解清楚具体情况就判定是顾客的责任，很容易引起顾客的愤怒。

3. "毛衣缩水、起球都是很正常的现象，我们也解决不了。"

高手指点 说话太不负责任，这样会让顾客更加不满，也将自己与顾客完全对立了起来。

WHY 一 深度情景解析

顾客在穿着服装的过程中会发现服装的品质并不如自己期望的那样，而且已经不符合退换货规定了，所以只能在下次来店时将自己的不满发泄出来。出现这种情况，可能有以下两个方面的原因。

两大原因

顾客缺乏一些服装常识，没有按照产品说明或服装销售人员的指导正确洗涤服装

顾客在购买服装时，服装销售人员夸大了服装的优点，没有全面地向顾客介绍保养过程中的注意事项，导致出现问题

当顾客在穿着过程中发现了服装缩水、起球等现象时，服装销售人员要主动承认自己工作不到位，真诚地向顾客道歉，并向顾客介绍服装保养的一些注意事项，避免再出现类似问题，同时及时转移话题，如询问顾客“今天您想看点什么”等，转移顾客的注意力。

YES √ 实战强化训练 1

服装销售人员：“是这样啊，那这个问题我一定会跟公司反映。请问您的毛衣出现缩水、起球现象是怎么发生的呢？……真是非常抱歉，当时也没跟您说清楚，您以后在洗涤打理时一定要注意……姐，您今天准备看看什么呢？”

金牌技巧点拨

首先询问顾客关于服装的具体情况，然后根据顾客的回答指出其在保养过程中的一些不当的做法，并向顾客道歉，再把话题转移到顾客的新需求上。

YES √ 实战强化训练 2

服装销售人员：“对不起，王女士，是这样，一般好一点儿的纯棉毛衣都会有些轻微的缩水，只要在国家规定的质量标准范围内都是正常的，所以我们一般会建议顾客买大一号的，这样就刚好合适。都怪我当时没跟您说清楚，真是非常不好意思。还有，像这种纯棉毛衣也会有一定的起球现象，您洗的时候记得要翻过来……”

金牌技巧点拨

首先真诚地向顾客道歉，平复顾客的怨气，然后给其介绍一些保养服装的注意事项，避免下次再出现类似的问题。

97 情景演练 顾客说：“我要投诉你们骗人”

NO × 错误应对示例

1. “是吗？那您找他当面对质吧！”

高手指点 本来可以很简单就处理好的一件事，因为销售人员不负责任的一句话，变得更麻烦。

2. “这不是骗您，他那么说也没有错。”

高手指点 有一种推卸责任的意味，这时候不应该去讨论销售人员是否有欺骗顾客的行为存在，而是帮助顾客解决问题，平复顾客的怒气。

3. “不可能的，我们不会骗人的。”

高手指点 直接反驳顾客，意指顾客在说谎，没事找事，很容易使双方陷入争吵，让情况变得更复杂。

WHY一 深度情景解析

服装销售人员经常会遇到类似的情况，分析其出现的原因，可能有以下三个方面。

三个方面

1. 顾客说的是真的，服装销售人员为了促进销售，用了一些欺骗性的话语，夸大了服装的优点
2. 有理解误差，服装销售人员在介绍服装时必然带有一定的感情色彩，再加上沟通中双方理解程序的不同，顾客所理解的和销售人员说的有偏差
3. 顾客为了退换货，找借口给服装销售人员施加压力

无论出于以上哪种原因，服装销售人员都不要跟顾客争论，这样只会引发双方争吵，要积极地寻找能帮助顾客解决问题的方法，让顾客得到满意的回复。

如果调查出是服装质量的问题，应该马上给顾客退换货或赔偿，并向其道歉；如果不是，要耐心地向顾客解释，并重新建立其对店铺的信心。

如果顾客坚持服装销售人员有欺骗的行为，无论事实如何，都应让当事人道歉，必要时做退货处理。

YES √ 实战强化训练 1

服装销售人员：“发生这样的事情，真是非常抱歉。不过您放心，要是真有质量问题，我们一定会负责到底的，您先坐在这休息一会儿，我们检测一下……”

金牌技巧点拨

先真诚地向顾客道歉，并安抚顾客情绪，然后检查服装是否有质量问题。如果有，按规定退换货或赔偿；如果没有，耐心地向顾客解释这是正常现象，告诉顾客是个误会，让其不要担心。

YES √ 实战强化训练 2

顾客：“你看看，都起球了，当时也没跟我说。”

服装销售人员：“原来是这样，真抱歉，难怪您会这么生气。您先别着急，只要是质量问题我们一定会负责的，让我看看……嗯，这种纯羊毛的毛衣起球是正常现象，只要在国家质保标准内就没有问题，可能是我们的销售人员当时没有跟您说清楚，真是不好意思。不过您放心穿吧，这绝对没有问题的，只是您下次洗的时候要注意……”

金牌技巧点拨

首先真诚地向顾客道歉，并说明纯羊毛的毛衣起球是正常现象。这种方法适用于顾客有些小误会，但服装没有质量问题的情况。

YES √ 实战强化训练 3

服装销售人员：“有这样的事情发生真是很抱歉，不过这种现象是完全正常的，您可以放心穿。至于当时给您介绍服装的那个销售人员，我们一定会处罚她的。您先消消气，我去叫她过来给您道个歉，好吗？”

金牌技巧点拨

如果顾客坚持认为是服装销售人员欺骗了她，而服装本身没有质量问题时，可以使用这种方法让当事人给顾客道歉，并劝顾客不要退换货。

98 情景演练 已经超过退货期限，但顾客仍要求退货

NO ✕ 错误应对示例

1. “都过了退货期了，我没有权力帮您退货了。”

高手指点 遇到售后问题，销售人员不应该在第一时间就想到推脱，而应该先询问事情发生的起因和经过，寻找解决的办法，站在顾客的立场上考虑问题。

2. “您退货应该早点儿来，现在已经晚了，只能怪您自己。”

高手指点 有种指责顾客行为的意味，没有帮助顾客解决问题的态度，很容易引起顾客的不满。

3. “现在已经退不了了，这是公司的规定。”

高手指点 没有说服力，拿“规定”来搪塞顾客起不到作用，顾客也会觉得我们不近人情。

WHY — 深度情景解析

经常有一些顾客在超过服装的退货期限后仍然要求退货，这些顾客可能有以下几种心态：

顾客心态

- 才刚过退货期限没几天，来碰碰运气
- 忘了购买的时间，不确定是不是过期了
- 在退货期内出现问题，但有客观原因无法及时退货
- 虽然知道过期了，但不甘心，要来讨说法
- 顾客根本不清楚退货期是多长时间

无论顾客是以上哪种心态，他们都认为只要衣服出了问题，商家就有责任。因此，服装销售人员要注意处理方式，可以按照以下方法来应对：

1. 不要拿规定说事，而应帮助顾客解决问题
2. 站在顾客立场上，考虑该问题对顾客的影响，并选择最合理的解决方案
3. 可尽量满足顾客的要求，虽然会带来一定的损失，但同时也能获得好的口碑
4. 可尝试以换货代替顾客的退货请求，以此降低服装店的损失

YES ✓ 实战强化训练 1

服装销售人员：“美女，这款服装已经超过我们规定的退货期了，现在给您退货确实很困难，可新买的衣服出了问题，换了谁也会心里不舒服。要不这样，我去请示一下店长，看能不能破例给您换一件。”

金牌技巧点拨

站在顾客的立场上考虑问题，让顾客感受到服装销售人员积极处理问题的态度，如果服装销售人员的权限不够，要积极请示上级，寻求解决问题的方案。

YES ✓ 实战强化训练 2

服装销售人员：“女士，这款服装已经超过了我们规定的退货期，但考虑到您刚出差回来，确实是由于一些客观原因导致的，我们就破例给您换一款吧。最近我们新到一批货，肯定有适合您的，您来这边看看，好吗？”

金牌技巧点拨

顾客错过了退货期可能是因为一些客观原因导致的，服装销售人员要理解顾客的难处，然后帮助顾客解决问题，如果顾客能接受换货的方式，那自然比退货好。

YES ✓ 实战强化训练 3

服装销售人员：“美女，这款服装已经超过了我们规定的退货期，而且现在退回来也无法继续销售了，所以给您退货比较困难。但考虑到这件衣服已经不

能再穿了，所以我们也愿意为您承担一些损失，按购买价格的50%给您退款，您看行吗？”

金牌技巧点拨

当给顾客退货造成的损失较大时，可与顾客协商解决，帮助顾客承担一些费用，让其心理上能够得到一些安慰。

YES √ 实战强化训练 4

服装销售人员：“美女，这款服装确实已经超过了我们规定的退货期限，不过我也有一定责任，当时也没跟您说清楚，这次我就破例帮您换一件吧！”

金牌技巧点拨

服装销售人员并没有推卸责任，而是采取负责任的态度，以换货作为解决方法赢得顾客的好感。

99 情景演练 退货期内因为非质量问题要求退货

NO × 错误应对示例

1. “您买的时候不是很喜欢吗，怎么变得这么快？”

高手指点 无论顾客说了什么，都不能直接指责顾客，否则会让事情变得更难处理。

2. “您这不属于质量问题，不符合退货规定。”

高手指点 直接拒绝顾客容易引起双方纷争，我们应该站在顾客的立场上，设法解决其问题。

3. “当时这都是您自己选的，我们不能给您办理退货。”

高手指点 有种推卸责任的意思，顾客既然来找我们了，就应该帮助其找到满意的解决方案。

WHY 一 深度情景解析

顾客在购买服装时，往往因为服装的某些优点和服装销售人员的推荐而选择购买，这其实很容易形成冲动型消费，因此事后可能会后悔购买。具体原因如下。

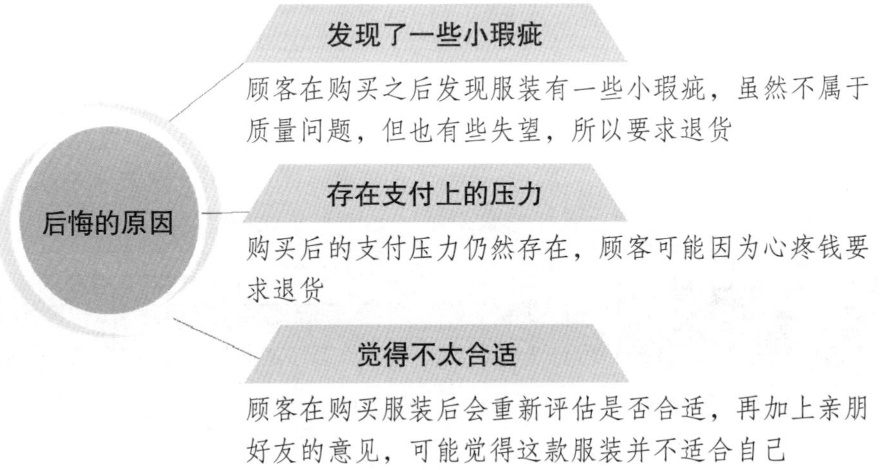

但无论出于哪种原因，服装销售人员都要注意不能弄僵和顾客之间的关系，即使顾客因为非质量问题要求退货，服装销售人员也要站在顾客的立场上认真考虑出现的问题，尽量采取能让顾客满意的处理方法，可以按照以下思路进行处理。

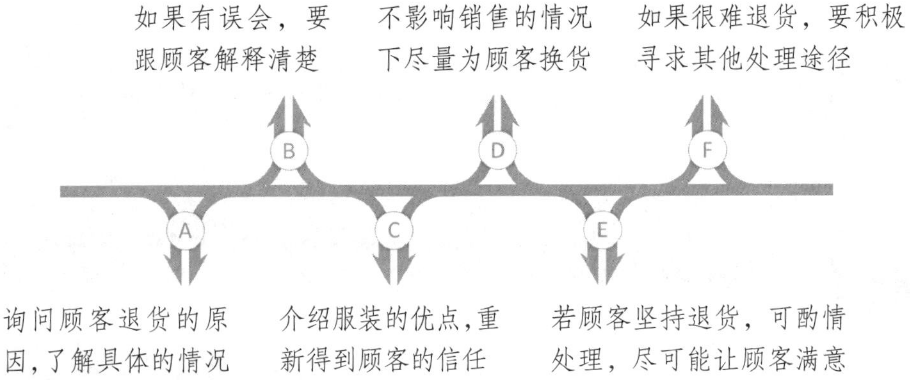

YES ✓ 实战强化训练 1

服装销售人员：“您先别着急，我一定尽力帮您解决问题。您能告诉我是哪里让您不满意，才有了退货的想法吗？”（根据原因具体分析）

服装销售人员：“这要怪我当时没跟您说清楚，真是不好意思！这样吧，我向店长申请一下，看是否能特殊处理，给您换件其他的，毕竟您是老顾客了。”

“姐，店长考虑到您是我们的老顾客，这回就给您破一次例，那边有几款外套都是今年的新款，价格也非常合适，我带您过去换件合适的，好吗？”

金牌技巧点拨

如果顾客确实对服装不满或者支付压力过大，就应该马上帮助顾客解决问题，但要尽量用换货代替退货。

YES √ 实战强化训练 2

服装销售人员：“是这样啊，让您这么老远地跑过来真是不好意思，都怪我当时没跟您说清楚。这款毛衣是纯羊毛的，穿的时候最好在里面加件秋衣，要不直接穿肯定不舒服。其实大家花高价买这种纯羊毛的毛衣，就是因为它保暖性、透气性特别好，而且穿起来也好看。这件衣服真是挺划算的，您说呢？”

金牌技巧点拨

如果是因为顾客的服装常识不足引起的误会，应向顾客解释清楚，并强调服装的优点，重新让顾客相信服装品质优良。

YES √ 实战强化训练 3

服装销售人员：“非常抱歉，您说的这个问题我们以前还没有遇到过，所以非常抱歉不能给您退换，其实我也很希望能让您满意，只是现在这种情况我也很为难，我只能帮您请示一下领导，看看有没有其他解决办法，好吗？”

“先生，刚才的情况我已经向经理做了详细的汇报，像您这种情况我们之前没有遇到过，公司也很为难，还请您理解一下。不过我觉得您这件衣服……”（阐述服装的优点及给顾客带来的利益，打消顾客退货的想法）

金牌技巧点拨

如果是特殊情况确实不能退货，要用真诚的态度尽力帮助顾客解决，安抚顾客，并再次阐述服装的优点和给顾客带来的利益，让其打消退货的想法。

100 情景演练 顾客说："不给我退货就不走了"

NO ✕ 错误应对示例

1. "您既然不想离开就在这儿待着吧，随便您怎么样！"

高手指点 非常不尊重顾客，很容易让双方的矛盾升级，使事情变得更难处理。

2. "买的时候没有问题，您现在怎么这么不讲理呢？"

高手指点 指责顾客蛮横无理、没有教养，只能让双方陷入争吵，对解决问题没有任何帮助。

3. "这确实不是我们的责任，您赖着也没用。"

高手指点 对顾客太不礼貌了，会让其更加生气，导致双方矛盾升级，吵闹起来也对店铺的形象不好。

WHY 深度情景解析

很多顾客对服装退换货的相关规定不了解，服装保养知识也不足，当发生问题时他们又不愿意倾听服装销售人员的解释，坚持让销售人员满足他们的要求。个别顾客还可能采用比较极端的处理方式，比如"不退货就不离店"的方法来威胁服装销售人员。

当顾客用这类方法来威胁时，服装销售人员一定要保持镇定，不要情绪化地对待顾客，避免矛盾进一步扩大。可以诚恳地告诉顾客店铺的难处，或者以个人名义表示愿意帮助顾客解决问题。如果还是无法说服顾客，宁可承担一些损失为顾客换货，也不要采取过激的行为。如果服装销售人员没有权限处理某个问题，要主动请示上级，积极寻求解决办法。

YES √ 实战强化训练 1

服装销售人员：“美女，真不好意思，这种情况我们确实无法为您办理退货。因为……但您是我们的老顾客了，这次的情况也比较特殊，我们就破例为您换一件吧。您还是打算要这个款式的吗？”

金牌技巧点拨

虽然会给服装店带来一些损失，但避免了矛盾的升级影响服装店的口碑。

YES √ 实战强化训练 2

服装销售人员：“女士，真不好意思，您也是我们的老顾客了，您知道要是有质量问题我们一定会负责到底的。可这次并不是质量问题，就像您说的，是您的使用方法不当导致的，我们确实无法为您办理退货。但我个人确实很想帮您解决问题，要不您把衣服留下来，我帮您熨烫一下，然后给您打电话过来取，您看可以吗？”

金牌技巧点拨

首先确认与顾客的关系，拉近与顾客的距离，然后诚恳地告诉顾客问题出在使用方法上，无法办理退货，最后以个人名义表示愿意帮助顾客，并提出解决方案。

YES √ 实战强化训练 3

服装销售人员：“先生，非常抱歉，这种情况我们确实很难处理。我非常理解您的感受，您先别着急，我请示一下领导，看看有没有别的处理方法。”

金牌技巧点拨

当服装销售人员没有处理此类问题的权限时，要主动请示上级领导，寻求解决办法。

101 情景演练 顾客把购物小票丢了，但坚持要退货

NO ✕ 错误应对示例

1. “我们有规定，没有购物小票是不能退货的。”

高手指点 说话的态度过于生硬，会让顾客觉得商家是刻意回避，容易引起顾客的反感。

2. “如果没有购物小票，就无法证明您这件衣服是在我们这里买的，而且也不知道您什么时候购买的。退货期没准都过了，所以无法给您退货。您能明白我的意思吗？”

高手指点 没有站在顾客的角度考虑问题，容易让顾客觉得我们在推卸责任，不愿意退货，容易引起顾客的不满。

WHY 一 深度情景解析

服装店在为顾客办理退货手续时，一般都会要求顾客出示销售凭证，有以下两个作用：

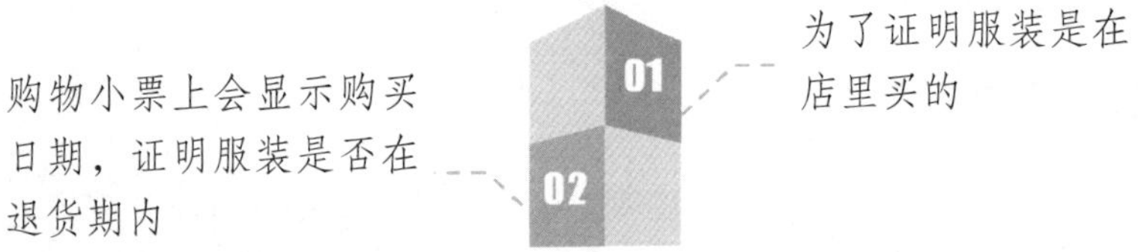

对于顾客来说，购物小票有两个作用，一是作为报销附件凭证，二是作为售后服务的凭证。但就服装这类产品来说，顾客买它一般是为了自己或者亲友穿，能够报销的可能性比较小，服装退换货的可能性也不大，所以顾客一般都不重视购物小票，也就很容易丢失。

事实上很少有顾客会到服装店无理取闹，提出过分的要求。当顾客遗失了购物小票，而服装又确实存在质量问题时，服装销售人员不应该找借口刁难顾客，而是应该帮助其确定衣服是不是在本店所

售，然后尽量满足顾客的要求。

一般顾客遗失了购物小票，最着急的就是顾客本人了。如果服装销售人员能对顾客的遭遇表示同情，并积极地寻求解决办法，就会让其心情稍微平静下来。为了避免丢失购物小票的事情发生，服装销售人员可以在顾客购买服装时郑重提醒顾客不要随意丢掉购物小票，毕竟事前控制总比事情发生后找不到小票要容易得多。

YES ✓ 实战强化训练 1

服装销售人员：“非常抱歉，女士，没有购物小票是不能退货的。这样吧，您看看那天卖给您衣服的销售人员在不在，只要她能证明您确实是在我们这里买的，我就给您退货，好吗？”

金牌技巧点拨

在服装销售中，一般都是服装销售人员和顾客直接面对面沟通的，所以卖给顾客服装的销售人员就能证明出问题的服装究竟是不是在本店买的。

YES ✓ 实战强化训练 2

服装销售人员：“非常抱歉，王女士，公司规定没有购物小票不能退货的，但您是我们的老顾客了，我相信您说的话。要不这样吧，我去请示一下店长，看看能不能破例给您换一件，您坐这儿稍等一下。”

金牌技巧点拨

虽然不符合规定，但服装销售人员还是积极地帮助顾客解决问题，即使结果不尽如人意，也容易得到顾客的理解。

102 情景演练 顾客购买后一直挑毛病，多次要求换货

NO ✗ 错误应对示例

1. “您这次可检查好了，下次就不给您换了。”

高手指点 说话态度有些挑衅的意味，很容易引起双方的争论，带来不必要的麻烦，也影响店铺形象。

2. “这就是小毛病，无所谓的，其他的衣服也有，您就别换了。”

高手指点 一副事不关己的态度，没有站在顾客的立场上考虑问题，很容易激化矛盾。

3. “这已经是第四次了，您能别换来换去的了，行吗？”

高手指点 在面对顾客时，应该保持亲切、负责、耐心的态度，这是作为销售人员的基本素养。

WHY 深度情景解析

有些顾客在购买服装时追求完美，希望自己购买的服装没有任何问题，所以在购买之后一直不断要求换货，而理由是发现了一些非常微小的瑕疵。

一般来说，只要给服装挑毛病，总能找到一些小的瑕疵，服装店为了自己的口碑，也会给顾客换货。但这样多次换货，不仅会给服装店造成损失，也会增加服装销售人员的工作量，还会破坏店铺的形象，让其他顾客以为这家店的服装质量很差。

为了避免这种情况的发生，服装销售人员可采用以下应对措施。

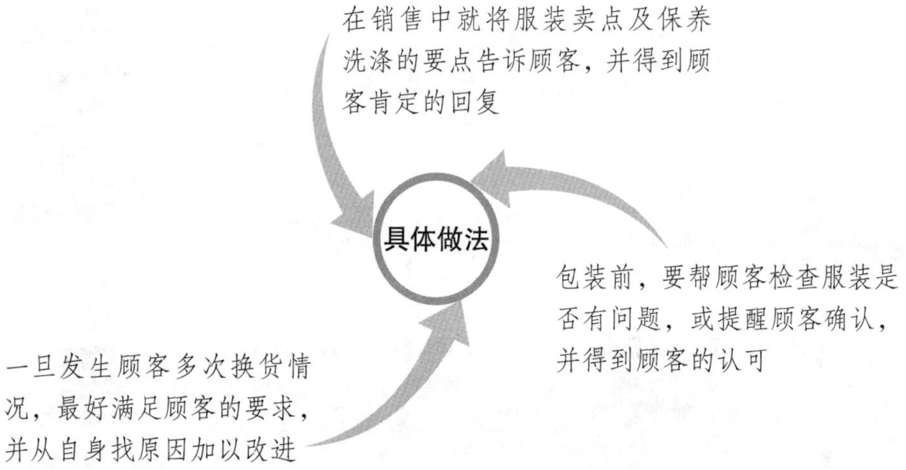

在接待这类顾客时，一定要注意态度要热情、礼貌，说话要委婉，既要把自己意思表达出来，又不能得罪顾客。

YES √ 实战强化训练 1

服装销售人员：“真是非常抱歉，可能我当时也忘了提醒您要仔细检查，这是我的工作失误。您放心，我肯定会给您换的，这次我们一起检查一下，确保没问题了您再拿走，不然这么热的天还让您跑来跑去，我就更不好意思了。”

金牌技巧点拨

首先把责任归结于自己的工作失误，并站在顾客的角度考虑问题，要求与顾客一起检查衣服，确保没问题后才能拿走，让其没有理由再换货。

YES √ 实战强化训练 2

服装销售人员：“真不好意思，这么热的天让您来来回回跑了 4 趟。这次我一定帮您仔细挑选，没问题了您再拿回去，不会再浪费您的时间了，好吗？”

金牌技巧点拨

首先提醒顾客“您已经换了很多次了”，然后告诉顾客一定帮其仔细挑选，也是在暗示顾客“如果再发现有问题就是您自己的责任了”。

YES √ 实战强化训练 3

服装销售人员：“哎呀，这都要怪我以前没有帮您把好关，麻烦您前前后后跑了好几趟了，我真的很不好意思，我现在就给您调换一款新的。其实，换货对于我们也是有压力的，因为要不断地更改销售数据，所以这次请您好好检查一下，确定没有质量问题了您再拿走。”

金牌技巧点拨

在跟顾客交流时要注意语气的委婉，提醒顾客尽量减少换货的麻烦，并提醒其仔细检查，降低再换货的可能性。

第十章

Chapter 10

直播带货情景口才训练与实战技巧

销售口才

直播带货是电商行业的发展趋势，主播要想获得更多的粉丝，销售更多的商品，其口才与销售技巧是非常重要的影响因素。主播要学会与观众有效沟通，拉近与观众的距离，通过销售口才戳中观众的痛点，引发观众的购物欲望，从而提高商品销量。

103 情景演练 直播开场，像薇娅一样营造氛围与新鲜感

NO ✕ 错误应对示例

1. “欢迎新进入直播间的朋友！”

高手指点 这种说法比较平淡，缺乏趣味性，吸引力不足，很难给观众留下深刻的印象。

2. “大家好，这里是××的直播间，欢迎宝宝们的到来！”

高手指点 这种说法的使用频率比较高，但缺乏新意，不能在短时间抓住观众的好奇心和注意力，无法吸引观众持续地观看直播。

3. “欢迎来到直播间的宝宝们，我告诉你们，你们今天赚到了，绝对赚到了！”

高手指点 这种兴奋式的开场白虽然能够渲染直播间的气氛，但一开场就这样说可能会让观众感觉云里雾里，摸不着头脑。

WHY — 深度情景解析

进入直播间，关键是让观众产生观看综艺节目的感觉，直播内容具有趣味性、新鲜感、不落俗套，才能使直播更具吸引力。有条件的直播团队可以邀约网络红人、艺人等助阵，例如，“淘宝直播一姐”薇娅隔三岔五就会邀请当红流量艺人来到直播间做客，实现多方共赢，个人主播可以邀请服装设计师或时尚达人或 Cosplay 等，给观众带来惊喜，让观众觉得有趣、好玩，才会持续关注你的直播，每天逛你的店。

直播开场欢迎词必不可少，自我介绍有利于引导观众关注自己的账号，最重要的是让观众知道我们是做什么的，或者是卖什么的，能够为其提供哪些有用的价

值。开场白的万能公式为：欢迎词+自我介绍+有用的价值。

主播在说话时要控制好语速，提前组织好语言，对观众可能会问到的问题提前做好心理准备；肢体语言也要符合设定的形象，生动活泼而不失专业。

主播要千方百计制造新鲜感，尽量在3~5秒内激发观众观看的兴趣，只有吸引他们留在直播间，才有可能使他们转变为消费者、成为粉丝。

主播要做好接待，尽量不忽视每一位进直播间的观众，每个人都有被重视的需求，细致周到的服务能让人心情愉快，同时也能提高直播带货的效果。主播可以多用语气词，如“哦”“啦”“啊”“呀”等，一方面可以营造融洽的直播氛围，另一方面可以让观众随时感受到主播的热情。

在直播初期，主播可以采用独特的话风树立鲜明的个人形象，要么风趣幽默，要么才华出众，经常给观众制造意想不到的惊喜感，这样能够给观众留下深刻的印象，有助于主播脱颖而出，也更容易增加粉丝和流量。

YES √ 实战强化训练 1

主播：“欢迎宝宝们进入××的直播间，今天给大家分享时尚穿搭技巧，学会了你也可以秒变时尚达人，喜欢的记得关注我，希望大家多多支持，多多捧场哦！”

金牌技巧点拨

欢迎词加自己直播间的名称可以加深观众对自己的印象，通过预告当场直播的主题，可以吸引感兴趣的观众持续关注，并说出观看直播的利益点，最后引导观众关注自己。主播的开场热情、精练，能够让观众直接进入直播情境。

YES √ 实战强化训练 2

主播：“谢谢宝宝们，我是你们的主播××，请持续锁定我的直播间，今天是××品牌专场，也是××品牌第一次做直播专场，我会将抽奖等福利统统带给大家哦，喜欢的小伙伴千万不要错过！”

金牌技巧点拨

主播热情地跟观众打招呼并做自我介绍，强调品牌直播专场，通过活动激发观众的好奇心，引发观众的观看兴趣，每场都有促销，每天都有新品，商品重复率低，让观众持续保持新鲜感，为观众提供良好的购物体验。

104 情景演练 直播实时互动，精准把握粉丝心理

NO ✗ 错误应对示例

1. **观众：**“主播怎么不理我啊，也不回答我的问题？”

主播：“直播间人太多，我怎么可能回复所有人？”

高手指点 这时观众需要安慰，平静其情绪，而主播的回答过于生硬，可能会激化观众的不良情绪，导致其退出直播间。

2. **观众：**“我比较胖/瘦/高/矮，这件衣服我能穿吗？”

主播：“这款衣服不挑体形，是均码的，任何体形都可以穿的哦！”

高手指点 这种回答比较宽泛，没有深入考虑观众的心理，其实其内心真正在乎的是穿着效果如何，是否能够遮掩自身不足或者凸显自身优势等。

3. **观众：**“你们卖的衣服，为什么比别人的价格高啊？”

主播：“一分价钱一分货，如果您想要高品质的，它的价格肯定会高；如果您想要低价的，那么衣服的品质就不能保证了，到时候肯定会后悔的！”

高手指点 这种回答过于直接，并不能让所有观众都欣然接受，甚至无法赢得观众的好感，应当以更委婉的方式说明商品价格高的原因。

4. “亲爱的宝宝们，这款衣服有两种颜色，绿色和黄色。”

高手指点 这种说法过于简单，只介绍衣服的颜色，而没有介绍衣服的其他特征，观众获得的信息量太少，很难被说服。

WHY 深度情景解析

主播的直播互动技巧会直接影响直播间的氛围和人气，也是影响成交转化率的关键因素。精准把握观众心理，才能让观众心服口服，赢得粉丝并实现销售。对观众的心理分析如下图所示。

观众的消费心理

从众心理

每个人都需要安全感，从众就是跟大家在一起，跟大家选的一样，这样能够极大地满足观众的心理需要

艺人效应

艺人效应，核心卖的是一种自我实现，使用艺人同款说话技巧，再附加图片、视频等更能增加观众的信任感

专家形象

通过专业讲解，建立观众心中专家形象，用专业知识打造服装领域专家形象，使观众愿意接受你的意见

主播可以用销售推荐词引发观众的从众心理，例如，这款商品之前已经卖过了 10 万套，零差评；这款衣服在店铺销量排名第一等，打消观众对产品的顾虑，给观众吃下“定心丸”。也可以通过艺人效应为产品造势，还可以通过专业知识解决观众遇到的问题，挖掘观众的潜在心理，提供针对性的服务。

直播间的互动形式包括抽奖活动、互问互答、试穿体验等，主播要在把握观众消费心理的基础上灵活作答，积极、热情地回答观众的每一个问题，既要表现出真诚的亲切感，又要让观众感受到主播的专业性。

主播李佳琦在直播时，会积极与粉丝互动。而且每次互动都会说一句“谢谢你们的支持”，表达对粉丝的感谢。直播过程中，李佳琦也会不断向观众更新补货信息和购买链接，提醒一开始没有抢到的观众前去购买。

在互动过程中，观众会提出各种各样的神奇问题，主播在回答这些问题时一定要有耐心，又要不失风趣、幽默，有观众曾对李佳琦的直播优惠活动提出“真的假的”时，李佳琦迅速表示“当然是真的，我骗你干吗？”这样的直播让观众看得开心、买得放心。

YES ✓ 实战强化训练 1

观众：“我体形微胖，穿这件衣服合适吗？”

主播：“这位美女，我们这款衣服采用独特设计，穿上既舒适又格外显瘦，适合体重 100~160 斤的宝宝，而且这款衣服店铺销量最高，您报一下身高、体重，我来帮您选择合适的尺码，保证让您穿上既漂亮又显气质。”

金牌技巧点拨

主播面对体形微胖的观众时，没有直接肯定或否定，而是客观地要求观众提供身高和体重数据，根据数据选择合适的尺寸，这种做法既客观又专业，也满足了观众的自尊心，这种贴心、细致的服务能够快速赢得观众的信任，获得观众的好感，促使其下单购买。

实战强化训练 2

观众：“我身材有些胖，适合穿这件衣服吗？”

主播：“您看一下这款衣服的设计，腰部有抽绳，腰线比较高，能够凸显身材比例，会让您的身材看上去更加修长，而且腰部褶皱还能起到遮肉的效果，一点儿都不显胖，您放心，我们这款衣服之前在直播间的销量都超过 10 万件了，穿着效果特别好，是目前最流行的款式。”

金牌技巧点拨

观众担心自己的穿着效果，主播通过讲解服装款式设计，凭借专业性的回答及商品销量说服观众，能够有效地打消其疑虑，让其欣然接受并放心购买。

实战强化训练 3

主播：“对于体形微胖的宝宝们，我给大家分享几个穿衣搭配显瘦的诀窍：一、上松下紧，就是最好穿修身的紧身裤，宽松一点儿的外套，比方说紧身牛仔裤＋风衣，宽松 T 恤＋打底裤；二、上紧下松，腿形不是特别好的宝宝们，尽量避免穿紧身裤，可以尝试下身穿宽松的阔腿裤，上身最好穿修身短款上衣，比方说阔腿牛仔裤＋紧身毛衫，这样搭配起来给人感觉青春靓丽；三、高腰线连衣裙，就像我身上穿的这款裙子，高腰设计能够更好地修饰身材，给人感觉比较高，身高一拔高，整个人就显得瘦了很多。另外，还可以从颜色上来考虑，深色系的衣服会显得成熟、稳重，而且从视觉上给人修饰身材的感觉，比方说黑色就会使人显瘦。宝宝们可以尝试一下我说的这些穿搭技巧哦！”

金牌技巧点拨

主播从专业角度分享穿衣搭配技巧，塑造时装领域的专家形象，更容易让观众接受其意见，并且自然地过渡到商品上，能够轻松说服观众，赢得观众的喜爱。

105 情景演练 主播巧妙“种草”，让试穿效果来说话

NO × 错误应对示例

1. **观众：**“主播，你能试一下 5 号裙子吗？”

主播：“我要试穿的衣服有很多，一款衣服只能穿一次，没有时间再穿第二次的。”

> **高手指点** 主播直接回绝了观众提出的正常要求，态度蛮横，可能会让观众非常生气，从而马上离开直播间。

2. **观众：**“主播，你身上穿的这件波点连衣裙我能穿吗？我身高 168 cm，体重 55 kg。”

主播：“不好意思哟，这位宝宝，我穿的这一款只剩一件小码了，你穿不了哦！”

> **高手指点** 主播这样回答会伤害观众的自尊心，应当委婉地告知观众真实情况，并向其介绍类似的适合对方的款式。

WHY 一 深度情景解析

所谓“种草”，就是分享推荐某一商品的优秀品质，以激发他人的购买欲望。主播要善表达、会讲故事、做类比、讲场景，这样可以让你的说词更加有穿透力。每个人都爱听故事，直播讲故事能打破观众的心理防线，让观众更容易接受商品。讲故事的关键是要和你正在推荐的产品的核心卖点有关。讲场景就是描述一个商品使用的场景，并把观众的思维带入到这个场景中，让观众觉得在这种情景下非常适合穿着这款衣服。

主播在“种草”时，除了用语言进行说服以外，还可以通过亲自试穿服装来现身说法，让观众直接看到服装的试穿效果，这样会在很大程度上增强观众的购买信心。

不管观众是想让主播试穿某款衣服，还是询问关于某款衣服的任何问题，都表明这款衣服在其内心已经被“种草”，观众对这款衣服已经产生了购买欲望，所以主播要尽量满足她们的要求，及时回答她们提出的问题，以提高转化率。

在试穿服装时，主播可以按照以下四个步骤来进行。

- **先互动** → 及时回答观众的问题，适时夸赞观众的身材好或眼光好，答应观众的正常要求
- **介绍商品** → 向观众介绍服装，如尺码、颜色、风格以及适合穿着的场合，讲解过程中要突出服装的卖点
- **上身试穿** → 上身试穿，并引导观众幻想，如穿着波西米亚风的连衣裙在浪漫海岛享受美好时光等
- **展示效果** → 通过前后左右全方位立体式展示，对于不同款式的衣服要做出相适应的得体动作

YES √ 实战强化训练 1

主播：“来我直播间的宝宝们，你们今天真的来对了，这款裙子是某艺人同款，是今年最流行的款式，白色更能增加仙气感和清新范儿，V 领款式结合木耳边，更添美感，雪纺面料舒适透气，松紧收腰设计，穿上很显身材，真的是谁穿都美！”

金牌技巧点拨

主播与观众积极互动，从衣服是艺人同款，款式设计、面料等方面介绍衣服的特点，增强了衣服对观众的吸引力。

YES √ 实战强化训练 2

主播：“应宝宝们的要求，我试穿一下，大家看看上身效果，中长裙的设计，能够很好地遮挡腿部的缺点，非常显瘦。采用的是真丝面料，时尚大气，适合多种场合。打个比方，穿着这款衣服和男朋友约会，浪漫气息十足；和闺密逛街，回头率百分百哦！”

金牌技巧点拨

主播按照观众的要求试穿衣服，展示产品细节，介绍产品优势，并在观众头脑中营造了穿着的场景，激发观众的想象力，在无形中提升了观众对衣服的好感度，使其迫不及待地下单购买。

106 情景演练 利益诱导，放大产品价值优势留住观众

NO ✗ 错误应对示例

1. “宝宝们，大家都不要着急哟，我们这套西装还有大量的库存，大家可以认真考虑，放心购买哦！”

高手指点 主播这样说了以后，观众可能就真的不再着急了，会用更多的时间考虑是否购买，成交的变数会在无形中增大很多。

2. “宝宝们，大家注意啦，只要今天下单购买这套西装，每个人都可以获得一条价值 388 元的项链！”

高手指点 主播没有制造购买的紧迫感，观众也就不会产生冲动消费，成交率自然就小得多，而且这样做会增加成本，其实限量提供赠品效果更好。

3. “宝宝们，今天我给大家带来的 A 品牌西装，价格是 980 元。”（主播对于商品价格未做任何铺垫）

高手指点 这种直接展示商品价格的方式不容易激发观众的购买欲，最好先从品牌故事、设计理念、材质、竞品价格和促销力度等方面开始讲解。

WHY — 深度情景解析

直播带货，产品卖点和利益点是创造成交的关键，可能是产品性能、产品价格、产品品牌、某艺人同款或某艺人代言等，因此仅靠主播的语言描述还不够，可以借助直播道具让产品卖点更加直观。

主播要适当地放大产品的价值优势，例如，价格“低”是与同类产品“比”出来的，要善于给产品选一个参照物，通过参照物放大产品的价格优势，可以借用手机或平板电脑等道具展示专柜价格链接等。

主播要采用多元化的展示形式突出产品价值优势，如下图所示。

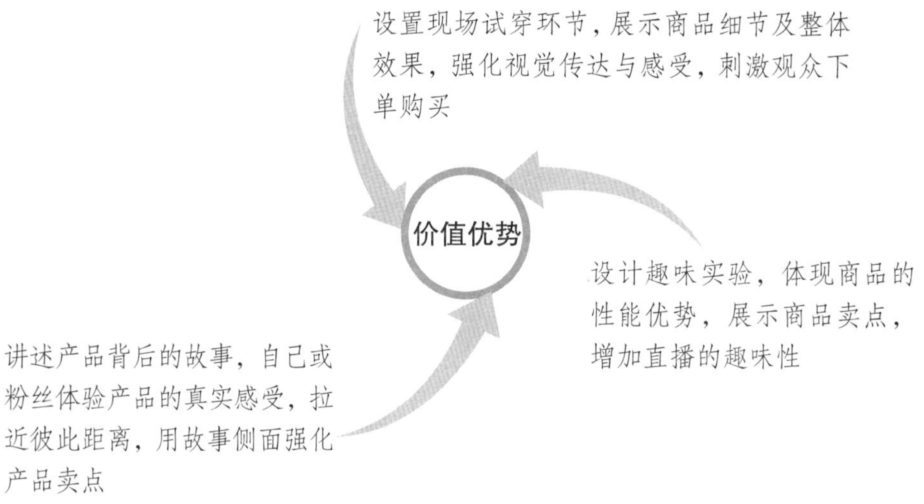

在留客环节，主播要提前规划好营销策略，模拟穿着场合，挖掘观众的消费痛点，强调商品的卖点，把穿着感受、商品材质、做工、价格等优势都呈现出来，通过利好政策、促销活动（包括买赠、折扣、限时秒杀、限量促销、抽奖、发红包、送优惠券等活动形式）留住观众，并号召观众参与购买。

YES √ 实战强化训练 1

主播：“宝宝们，今天我给大家带来的是 A 品牌小西装，A 品牌是全球畅销大品牌，有着 100 多年的历史，可谓是家喻户晓，口碑也非常好。这款小西装摆脱了传统西装的古板与单调，融入了更多的流行元素，如七分袖设计、胸部刺绣等，能够满足现代都市女性的个性化需求，而且简单易搭，适用于职场、聚会、旅游等多种场合……”

金牌技巧点拨

主播重点讲述了品牌的历史、口碑和服装的特点，以及适合穿着的场合，展示产品亮点，灌输理念，促使观众产生购买行为。

YES √ 实战强化训练 2

主播：“宝宝们，这款西装最近销售特别火爆，都抢疯了，上次一天出货 1 万件，很快就被抢购一空。应宝宝们的要求，今天我又为大家争取到了一些货源，而且今天还有更大的惊喜带给大家，想知道是什么惊喜吗？想要惊喜的扣 1……”

金牌技巧点拨

主播引导观众热情参与互动，渲染直播间的狂欢氛围，从而激发观众的好奇心，用“惊喜”来留住观众。

YES ✓ 实战强化训练 3

主播：“今天进来的宝宝们，你们真的赚到了，除了前面带给大家的买一赠同一款商品外，前 200 名下单者，关注主播还可以获赠 100 元的优惠券，大家千万不要错过这波优惠哟！”

金牌技巧点拨

主播不仅给观众提供了买一赠一的优惠活动，还用限量供应的方式给观众提供优惠券，进一步刺激了观众抢购商品的冲动。

107 情景演练 制造紧张感，营造畅销局面刺激观众下单

NO ✕ 错误应对示例

1. “宝宝们，目前抢购人数较多，抢不到的朋友很遗憾哦！”

高手指点 这种说法容易让观众失望，“反正也抢不到，还是别抢了”。遇到这种情况最好说明规则，并激励没有抢到的观众不要气馁，下次还有机会。

2. “宝宝们，看中就赶紧下手，错过就没有了！”

高手指点 这种催单方式力度不够，只是流于形式，没有紧迫感，主播所说的“错过就没有了”其实并没有多少说服力。

3. **观众：**“2 号链接的那款连衣裙，价格还能再优惠一些吗？”
   主播：“对不起，不能再优惠了，这个价钱都是赔钱卖的。”

高手指点 这样回答过于直接，不容易获得观众的信任，可以委婉地告诉对方，价格不能再优惠，但能够享受买赠优惠。

4. **观众：**“现在打折的这款小西服，明天还有活动吗？”

主播：“这可不一定了！”

高手指点 主播的回答模棱两可，可能会让观众失去购买的信心。另外，主播一般对商品的促销活动了然于胸，这样讲话会损坏自己的专业形象。

WHY 一 深度情景解析

同样数量的东西，人们在失去它们时所感受到的痛苦要远大于得到它们时所获得的欢乐，也就是说，人们对损失的反应比对获得的反应要敏感得多。与“得”相比，人们更在乎“失”，也会有意无意地尽量避免“失”。这就是人们的“损失规避”心理。利用人们“怕失去”“怕错过”的损失规避心理可以促使观众下单。

主播要调动观众“抢”的心态，通过不断提醒观众即时销量，营造畅销局面，并重复商品卖点、价格优势、促销力度等，反复用倒计时的方式提醒观众“机不可失，时不再来”，促使其完成下单。

YES √ 实战强化训练 1

主播：“这款品牌服装的质量没得说，也正是依靠这么好的质量，连续5 年销量位居前列，这次超低价回馈给宝宝们，买到就是赚到哦！”

金牌技巧点拨

主播首先强调服装具有品牌价值，是高质量的商品，然后告诉观众销量领先，这说明服装款式紧跟时代潮流，受到消费者的欢迎，而以超低价回馈观众，给其营造质优价廉的感觉，从而打动观众，使其下单。

YES √ 实战强化训练 2

主播：“这个套餐真的太超值了，299 元三件套，另外还赠送饰品，宝宝们请看，这么漂亮的耳环，都是免费送给你们的，我们都是亏本赚人气的，看中的宝宝赶紧下单哦！”

金牌技巧点拨

从商品本身来说有买有赠，让观众感觉真的是物超所值，使其内心蠢蠢欲动，跟着主播的节奏走。

YES √ 实战强化训练 3

主播：“这款衣服数量有限，看中了就要及时下单哦，机会难得，库存已经不多了，货品即将售罄，请抓紧时间抢购哦！”

金牌技巧点拨

主播充分利用观众的损失规避心理，通过商品库存的有限性来提醒观众抓住机会抢购，激发其购买商品的热情。

108 情景演练 巧用五步销售法，直播带货的成功秘诀

NO × 错误应对示例

1. **观众：**“什么样的衣服适合个子娇小的女生呢？”

主播：“衣服有不同的尺码，你不说清楚你的身高、体重，我怎么给你推荐？”

高手指点

这种回答方式十分不礼貌，主播应当用专业的知识和素养来对待观众的提问，满足观众的需求，主播的这种回答显然不符合要求。

2. **观众：**“求职适合穿什么风格的衣服，我参加过很多次面试，可是结果都失败了，不知道是不是因为我不会穿搭。”

主播：“你应当庆幸来到我的直播间，我们家的衣服都是大品牌，风格多样，质量上乘，特别百搭，适合多种场合穿着。”

高手指点

这样回答显然答非所问，此时应当诚恳地分享职场服装穿搭技巧，用专业的穿搭知识来解决观众面临的问题或困扰。

WHY 一 深度情景解析

直播带货的“五步销售法”分别为提出问题，放大问题，引入商品，提升高度，以及降低门槛。

第 1 步，提出问题。结合消费场景挖掘出消费痛点及需求点，给观众一个购买的理由。

第 2 步，放大问题。放大问题时要全面化和最大化，把大家容易忽略掉的问题和隐患尽可能全部放大出来。

第 3 步，引入商品。以解决问题为出发点引入商品，解决观众之前提出的问题。

第 4 步，提升高度。详细地讲解商品，并通过品牌故事、材质布料、做工精细等视角来增加商品本身的附加值，这一步需要结合主播自身的专业知识及口才技巧，让观众对商品产生一种仰视的态度。

第 5 步，降低门槛。为观众讲解商品优势和优惠活动，使观众愿意购买且有能力购买，打开影响观众购买的最后一道心理防线，最终促成销售。

YES ✓ 实战强化训练 1

主播：“宝宝们，不知道大家在求职时是否有这种困扰，参加面试不知道穿什么风格的衣服，不知道怎样搭配？”

金牌技巧点拨

主播提出问题，以求职面试的穿着为话题，找到观众的消费痛点，即不知如何穿着搭配，从而引起观众观看直播的兴趣。

YES ✓ 实战强化训练 2

主播：“求职是人生中的大事，因为面试不成功会让自己产生挫败感，甚至很长时间振作不起来，而找到一份满意的工作就会提升自信。不知道宝宝们有没有注意到，面试的关键是第一印象，如果给面试官留下了很好的第一印象，成功率自然就高了很多。”

金牌技巧点拨

主播全面地放大问题，就像与朋友聊天一样，大家一起展开讨论，找到人们共同关注的焦点。

实战强化训练 3

主播：“要想给别人留下美好的第一印象，自我形象非常重要，其中穿着关系着第一视觉印象。在参加商务型面试时，在穿着上要展示出成熟、干练的气质，比方说黑色西装搭配高跟鞋，会散发出时尚感和自信，就像我推荐给大家的 3 号链接服装，就非常适合商务型面试；如果是大学生参加面试，就要让自己看起来更专业和自信，可以用经典的白衬衫+黑色西裤来搭配，既整洁又大方，还不乏自信……”

金牌技巧点拨

主播在分享服饰穿搭技巧的同时，引入了自己要推荐的商品，整个过程自然、流畅，不仅不会引起观众的反感，还会激发其继续观看的兴趣。

实战强化训练 4

主播：“这款××品牌的西装材质柔软，款式新颖别致，穿着舒适，质感十足，素雅、简洁之中透出时尚和大气。另外，我还为不喜欢黑色的宝宝准备了一款灰色的，也非常时尚……”

金牌技巧点拨

主播从多个角度来阐述商品的优点，让观众感觉这款服装确实不错，从而增强其购买的积极性。

实战强化训练 5

主播：“宝宝们，大家是不是非常喜欢这款衣服，今天我给大家带来特大惊喜，原价 398 元，今天直降 300 元，只卖 98 元，名额有限，大家抢到就是赚到，一定要抓住机会，赶紧抢购吧！”

金牌技巧点拨

主播在吊足观众的“胃口”后，主动降低门槛，通过商品价格落差让观众感觉真的是物超所值，从而打开最后一道心理防线，迅速地下单购买。

109 情景演练 解决直播售后问题，用服务赢得粉丝认可

NO ✕ 错误应对示例

1. **观众：**“为什么我订的衣服还不发货，这么长时间了，我不要了，我要退货。”

主播：“好的，亲，你可以打开宝贝链接，联系客服，申请退款退货。”

> **高手指点** 这种回答过于直接，未对观众做任何挽留，对观众的不满未做任何解释，也未表达歉意，直接告诉观众退款退货，这样做不利于粉丝维护。

2. **观众：**“我收到货了，但不是我当初订的那件，我订的白色，给我发的是黑色，怎么回事啊？”

主播：“亲，不应该啊，我们都是按订单发货的啊！”

> **高手指点** 这种说法存在推卸责任的嫌疑，对观众说的话表示怀疑，这样不仅得不到观众的理解，还可能会激怒观众。

3. **观众：**“上次直播时我买的衣服，明明说不褪色，可是洗了以后发现褪色严重，把其他衣服都染脏了，怎么办啊？”

主播：“宝宝，是不是你洗涤方法不对啊，我们的衣服都是大品牌，有质量保证的，绝对不会褪色的。”

> **高手指点** 这种回答未站在观众的角度考虑问题，更未安抚观众的情绪，容易激化观众的不满情绪。

WHY 一 深度情景解析

售后服务也是直播销售的一个重要环节，细致、周到的服务能够提高观众的满意度，增加粉丝的黏性。如果观众的售后问题得不到很好的解决，就很难有回头客，甚至还会导致观众的投诉，影响主播的正常直播。

解决观众的售后问题时，可以按照以下四步来做。

第 1 步，首先表达歉意，安抚观众的情绪。

第 2 步，换位思考，找出问题的根源。

第 3 步，帮助观众找到解决问题的方法。

第 4 步，再次真诚地向观众道歉。

由于商品少发、错发或实物与主播描述不符的情况，如果观众要求退换货，尽管有些问题可能是商家或物流等原因造成的，主播也不能一味地把责任推到他人身上。主播作为商品的销售推广者，需要对每一位观众负责，以真诚的态度为观众提供服务，以获得观众的理解。

YES √ 实战强化训练 1

观众：“主播，你推荐的是什么衣服啊，我要退货，马上退货！”

主播：“先别着急，出现什么问题了，您对衣服哪里不满意啊？”

金牌技巧点拨

面对观众的投诉，主播首先要安抚观众的情绪，询问退货的原因，以便找到问题的根源，看是衣服的问题，还是其他方面的问题。

YES √ 实战强化训练 2

观众：“这衣服我都下单快一个星期了，到现在还没发货，怎么回事啊，你们是不是骗子啊？”

主播：“真不好意思，是这样的，我们这款衣服做的是预售活动，10 天之内发货，可能上次在直播间我提醒得不清楚，导致有些宝宝不清楚具体的情况。您放心，肯定不会骗您的！在这里我再次提醒一下，凡是预售的商品，一般都有发货时间限制，但一定会保证大家都能收到货，没有收到货的宝宝们，请大家耐心等待哦！”

金牌技巧点拨

观众说出问题的根源后，主播要给予耐心的解释，同时再次保证销售活动的真实性，并再一次提醒观众，以减少同样的事情再次发生。主播以真诚的态度进行回复，可以赢得观众的信任。

YES √ 实战强化训练 3

观众：“这衣服说是不褪色，怎么洗后水中都留有颜色啊？”

主播：“是这样的，这款衣服是纯棉材质的，这种材质一般都有浮色，前几次最好和其他衣物分开洗，不能用温水，最好用凉水手洗，洗两三次以后洗去浮色，之后就不会褪色了，我们销售的服装都是有品质保证的，请您放心。”

金牌技巧点拨

主播针对观众反映的问题做了针对性的回答，并分享了洗涤技巧，让直播间其他观众也了解一些衣服洗涤常识，从而减少同类问题再次发生的可能。

YES ✓ 实战强化训练 4

观众：“噢！原来是这样啊，那你们销售的时候最好都讲清楚啊！”

主播：“是的，是的，您说得对，感谢您的反馈和建议，给您带来的不便，请多多谅解，我们今后一定注意，不断完善我们的工作，提高我们的服务质量。”

金牌技巧点拨

主播再次致歉，让观众感受到自己的真诚，并且把观众反馈的意见和建议进行收集整理，以完善下次的直播工作。

110 情景演练 直播结束，真诚感谢粉丝支持并做好直播预告

NO ✗ 错误应对示例

1. “宝宝们，本次直播到此结束，再见！”

高手指点 主播下播过于仓促，没有做下次直播预告，也未对观众表示诚挚的谢意，显得有些敷衍，很可能会让观众失去再次观看的兴趣。

2. “感谢宝宝们的陪伴，谢谢你们的捧场、关注和点赞，爱你们哟，再见！”

高手指点 只对观众表示了感谢，未对下次直播进行简要介绍和预告，想要再次观看直播的观众可能不得要领，影响其再次观看直播。

WHY 一 深度情景解析

观众进入直播间观看，可能会打赏、关注主播或购买主播推荐的商品，对于观众的这些行为，主播一定要表示真诚的感谢，这样做会让观众和粉丝更有存在感和被重视感，感受到主播有一颗感恩的心，加深其对主播的印象，从而对主播更感兴趣、更有好感。

对于那些已经购买商品的观众来说，主播要继续打消其对售后的顾虑，让观众添加客服微信或者加入粉丝团，以便更好地为其提供售后服务。

YES √ 实战强化训练 1

主播：“感谢宝宝们的陪伴，感谢今天所有进入我直播间的朋友。陪伴是最长情的告白，你们的爱意我收到了。今天我非常开心，再次谢谢大家，别忘了明天晚上 8 点，一定要来我的直播间哦，我会带给大家更多的惊喜！我要下播了，祝大家晚安。再见！”

金牌技巧点拨

主播在下播时不仅对观众表示了感谢，让观众感受到了其真诚的心，同时还对下次直播进行了预告，让观众对下次的直播充满期待。

YES √ 实战强化训练 2

主播：“时间过得真快，我马上要下播了，明天晚上 9 点我还在这里等你们哦！已经下单的宝宝们，还有什么问题的话可以联系客服，也可以加入我的粉丝团，我会在里边给大家解决问题，而且加入粉丝团的宝宝还可以享受更多的福利和优惠哦！”

观众：“怎么加入粉丝团？”

主播：“点击我的头像，进入我的个人主页，在我的头像右侧有一颗心形图标，直接点击就可以加入粉丝团了。非常感谢宝宝们的相伴，再见！”

金牌技巧点拨

主播不仅做了下次直播预告，还对观众表示诚挚的谢意，增加了观众的好感，并引导观众加入粉丝团，以便更好地进行互动。